DIOS

CAMINO A METANOIA

EDICÍON ESPECIAL

ISAÍ SHANTI

(Segunda Edición)

Apéndice y Notas Inéditas

COMENTARISTA ESPECIAL

José Luis Araiza Ugalde

(2da Edición)

Carlos Chávez Macías

Luis Manuel Rodríguez

Título: 21 Aspectos sobre la Vida que Filosofé a Dios en un Diván

ISBN: 9798565010718

Sello: Independently published

Segunda Edición 2020

ISBN: 9781670137661

Sello: Independently published

Primera edición, Ciudad de México, Julio 2019

Impreso en Estados Unidos

ÍNDICE

El Padre nos Ancla al cielo y La Madre es nuestra Tierra.

Beso al Cielo Abuelo Sergio Morales Mahar

&

Con un abrazo a la tierra a la nueva vida

En esta obra no diré, aún, los porqués del papel fundamental de Dios en este camino. O tal vez, están evidenciados en su contenido personal...

Es el silencio,

Son las preguntas,

Es el diván,

Eres tú, y soy Yo-

COMENTARIOS A LA SEGUNDA EDICIÓN.

Me permití hacer esta Segunda Edición pensando en el Proceso Vital de la Existencia Humana. Aunque suene a una Narrativa muy gastada, me permito exponer esta frase Mercedes Sosa; La Vida Cambia, y Todo Cambia.

En estos momentos, estamos transitando por una marea de cambios que están mostrando una mirada muy diferente a la Humanidad de Asumirse como una Consciencia Observante ante un Espejo que nos moviliza a nuevas formas de adaptar la vida. Mientras me encuentro haciendo las ediciones del presente libro, también, estoy en un proceso de unificaciones conceptos y aprendizajes que serán abordados con mayor profundidad y explicación en la continuación de esta obra. Podría decirse que después de la primera navegación, el puerto en el que desembarcas tus memorias te coloca en un Paradigma Transitorio de un Mundo que ya no será el mismo, y lo más atinado, sería mencionar que hoy, ya no es el mismo.

Los Resultados que esto viene arrojando a cada Realidad Individual y a los Cuerpos Colectivos, está llevando a choques y encuentros con la Estructura Individual y las Estructuras Colectivas que están siendo retratadas por Discursos imposición, aprendizaje y búsqueda para las nuevas generaciones.

No puedo negar que esa marea de cambios me lleva, me frena, me libera y otras veces me encadena. Durante este momento de la Vida, debo confesar que, al salir de este primer parto de la metáfora del Diván Existencial abordado en la Primera Edición, me ha tocado hacer una reestructuración del trabajo interno realizado a forma de escalera existencial [1] que compone el ascenso y descenso de lo aprendido para asumir esa sensación de saberte diferente.

Por eso, he tomado esta elección de brindar es esta edición especial un apéndice con explicaciones que considero pertinentes, y que son parte esencial de la composición del libro. También, en esta entrega decidí elaborar un apartado de Vivencias Inéditas que fueron parte del proceso de creación y elaboración del libro abordando motivos personales que podrían dar mayor sentido al lector. Por otro lado, realicé correcciones puntuales a palabras y conceptos que servirán como acercamiento a la segunda parte de este camino que tendrá como título; **M E T A N O I A**.

En este Libro, también hay referencias que mencionan algunas de las ediciones realizadas respecto al primer tomo, pues los motivos han sido la reconsideración de premisas, la reformulación de

---

[1] La Escalera Existencial forma parte de un Capítulo de la siguiente entrega

ciertas Hipótesis para brindar claridad y dejar también una base para la profundidad que vendrá en el texto siguiente.

Además de los Prólogos conocidos por los lectores de la primera edición. Jose Luis Araiza, colega en el Sistema de Biodanza, aportará la parte que me conecta en la posición poética- artística de mi vida, pues en ese poder creativo doy razones de causa a mis ejercicios vocacionales y profesionales en el área de la clínica de Psicoterapia Psicoanalítica en un enfoque experimental que he traído de las Terapias Alternativas y el ejercicio de la abogacía en la estructuración epistemológica de mis métodos aplicados a los procesos de sanación.

Seguiremos con la continuación de este viaje en el Diván Existencial de Preguntas y Respuestas, por eso, inicio reformulando esto:

> *Los estragos más amargos de la experiencia son mensajes en retrospectiva para recordarte cuan bendecido eres por estar vivo con lo que has vivido... Sin embargo, el aprendizaje central es:*
>
> *¿Qué haces con aquello que has vivido?*

PRÓLOGOS

DE

CARLOS CHÁVEZ MACÍAS

(Psicoanalista)

LUIS MANUEL RODRÍGUEZ

(Abogado)

*Me parece que la mejor manera de hacer una introducción al libro **Veintiún aspectos sobre la Vida que Filosofé en torno a Dios en un Diván** es a modo de constancia. Por lo anterior he de hacer constar que, como Isaí Shanti lo señala en su obra, participé en su proceso psicoanalítico, el cual se ve reflejado constantemente en este esfuerzo intelectual.*

Debo decir también que conocí a Isaí siendo estudiante de la carrera de Derecho en la Universidad La Salle. Siempre interesado en profundizar en diferentes materias, lo invité a escribir en la Revista Intensa la cual fue enriquecida con sus artículos de reflexión e introspección. Asimismo, me consta su gran interés por los temas psicoanalíticos llegando a ser uno de los participantes más destacados y atentos en un seminario de Psicoanálisis que impartí y al cual asistía siempre apoyado por su computadora para no perder detalle alguno.

Su inquietud de autoconocimiento y su curiosidad intelectual lo llevaron a preguntarse insistentemente sobre los aspectos del inconsciente, del complejo de Edipo y de las estructuras Clínicas. Con mucha frecuencia llevó a sesión lo que se considera demanda de psicoanálisis y como un regalo para el analista: sus vivencias oníricas. Recordemos que el libro *La interpretación de los sueños de Sigmund Freud (1900)* es considerado el punto de partida del psicoanálisis.

Con base en esa preparación encontraremos a lo largo de su obra una gran cantidad de términos psicoanalíticos: un gran diván existencial, transferencia, proyección, pulsión, perverso, narcisista y muchos más. Incluso una abundancia de conceptos con influencia de Jaques Lacan *como "el verbo es un don que produce lo que conocemos como la realidad...", es decir, el lenguaje crea la realidad. Sin él, ella no existe.*

Del mismo modo vamos a encontrar múltiples preguntas propias de la estructura obsesiva: *¿de dónde venimos?, ¿cuál es mi propósito de estar vivo?, ¿quién soy?, ¿cuáles son mis cualidades o destrezas?, ¿para qué estoy aquí?, ¿cuál es mi misión de vida?, ¿tu profesión es tu vocación?, ¿eres causa o eres efecto de tus pensamientos?,* por citar algunas. Sin embargo, nuestro autor no se estacionó en la teoría psicoanalítica, sino que buscó crear una cosmovisión con su sello muy personal. Por ello, veremos el uso constante de recetas para el alma como parte de su método individual.

Isaí también coincide con Lacan en su "teoría tripartita de las tres esferas (imaginación, simbolismo y realidad)" ya que el psicoanalista francés habla de tres realidades: lo imaginario, lo simbólico y lo real. Igualmente hace filosofía al diferenciar el ser del deber ser, al hablar acerca de la negación del ser y al afirmar que toda pregunta lleva implícita una respuesta. Al abordar el asunto acerca de las creencias establecidas como si se trataran de las únicas verdades coincide con el concepto lacaniano de rectificación subjetiva.

Aún más, debo felicitarlo por la correcta ortografía al escribir consciencia como lo que es consciente ya que el término conciencia se refiere al juicio sobre el bien y el mal. Al hablar de los "juicios evolutivos", se comporta netamente freudiano al hablar del Edipo y de "intentar hacer consciente lo inconsciente". Se rebela a que "infancia sea destino" por lo que escribe textualmente: *"no esperes que lo que funcionó a tus padres funcionará contigo…"*.

Impregna su reflexión y su visión personal dando un enfoque diferente al Tarot, proponiéndolo como un instrumento para proyectar deseos y miedos, y no como conocimiento del futuro.

Resulta interesante que se aboque a un concepto fundamental del psicoanálisis como es la repetición al plantear la interrogante: *"¿qué conflictos estás repitiendo?"*. Al reflexionar sobre el perdón se muestra cual psicoanalista lacaniano al escribir que *"hay preguntas que pueden ser contestadas con más preguntas…"*.

Me da gusto que señale de manera explícita una idea que se produjo en su proceso psicoanalítico acerca de quién debe tomar la iniciativa cuando ha ocurrido un distanciamiento en una relación afectiva: ***"aquel que esté amando más y no necesariamente el que se equivocó"***. Otro pensamiento que me parece digno de meditación profunda es cuando señala que *"buscamos ser lo que siempre fuimos"*.

Es digna de ser resaltada una cita de Jaques Lacan acerca de la violencia y la palabra que puede también expresarse del siguiente modo: *"O hay palabra, o hay violencia"*. Cuando plantea la opción *"reescribes la historia o repites el error"* me evocó el tratado freudiano *"Recordar, repetir y reelaborar (1914)"* o el concepto lacaniano que puntualiza que *"lo importante no es tanto recordar lo que ocurrió sino reescribir la historia"*.

Al profundizar en que ***"el amor es un reflejo de nosotros a través del otro"*** se acerca estrechamente a Freud y a Lacan quienes apuntaron que el amor, tanto en el hombre como en la mujer, tiene una base egocéntrica al descubrir en la persona amada un rasgo que uno amó desde niño en la propia madre. Eso es lo que permite entender el amor como una atracción de inconscientes en donde se busca la completud perdida. Isaí señala correctamente que *"las relaciones se crean con rasgos ya conocidos"*. En ese capítulo sobre el amor resulta interesante su "trilogía metafórica para explicar una visión del amor, la vida y Dios" en donde habla de los requisitos para que dure una relación amorosa: pasión, ternura y compromiso.

Me es grato ser citado por él acerca de que "la palabra sana". En los inicios del psicoanálisis, *Anna O. llegó a definirlo precisamente como "la cura por la palabra (talking cure)"*. De hecho, es la única herramienta con la que cuenta el analista.

Nuestro autor afirma que ***"la terapia marcará el resto de tu vida".*** Coincido totalmente con él. Lo mismo cuando señala que "un terapeuta muestra el reflejo de tus juicios"; efectivamente, el analista funciona como pantalla que permite que el analizante encuentre la verdad de su deseo al recibir su propio mensaje. Cuando platica, está autoplaticándose.

Isaí hace poesía en algunos conceptos muy bien logrados como cuando indica: "... pues el camino de estos años ha sido duro, con aprendizajes y nuevas experiencias que no es sencillo convertirlas en perlas de sabiduría", "agradezco infinitamente a esa energía creadora que te inspira como un susurro" o "solo somos herramientas para florecer juntos". Hace bien en decir que su mensaje es "a modo de poética filosófica".

Con esta obra ha logrado una meta de la cura psicoanalítica: pasar de analizante a analista. En otras palabras, transitó de alumno a maestro; de lector a autor.

Es una persona agradecida. Valoro mucho –y me siento orgulloso de ello- que me considere "maestro de vida y mentor". Sin embargo, he de manifestar –sin ninguna duda- que el mérito es de él. El éxito o fracaso en un psicoanálisis siempre será del analizante. Finalmente, he de hacer constar que me parece un signo de crecimiento y de maduración personal que nos participe de su propia historia y visión de vida, reconociéndose muy humano e invitándonos a la reflexión y a la búsqueda de preguntas y respuestas. Con ello, Isaí Shanti puede expresar como Publio Terencio Africano en el año 165 a.C.*:

"Soy un hombre, nada de lo humano me es ajeno".

Carlos Chávez Macías

Psicoanalista

El presente libro es brisa que refresca el alma en los momentos calurosos del andar constante en una vida que en ocasiones se olvida vivirla, es el recuerdo de que resulta necesario, tomar tiempo y espacio, para reflexionar, desde el punto espiritual del yo, las conductas que tomamos frente a las adversidades necesarias de la vida, y la constante búsqueda de Dios, en nuestros actos, en las personas, y en la vida diaria.

El autor, a través de un camino espiritual, nos lleva a identificar que Dios es uno mismo, que la imagen y semejanza de quienes somos, la reflejamos al universo, llenándolo de nuestra existencia y encontrando el todo, comprendiendo que el verdadero sentido de la vida no es otro sino vivirla.

Los constantes cuestionamientos del hombre respecto su existencia, ¿el motivo sobre el qué la funda?, y el sentido de cada segundo, de cada respiro; si bien, no es un tema nuevo, mi amigo Isaí, ofrece al lector una opción fresca que, a manera de recetas, cura el alma y da su peculiar respuesta al todo, a la visión del universo; a la visión de uno mismo como único lugar para encontrar a Dios.

En el presente libro encontrará la peculiar y entretenida visión de un autor contemporáneo, consciente de que la sanación viene del interior de nosotros mismos para después extenderlo a los demás, como una especie de BIG BANG almático, que nos introduce en su pensamiento leyendo entre renglones y encontrando en cada uno de ellos el poder sanador de uno mismo.

La iluminación del ser es de todos y para todos, está ahí esperando ser alcanzada, así pues, con la presente lectura descubrirá que no existe una manera específica de llegar a ella, pero sabrá que existe y lo hará si bien no alcanzarla, si acercarse un poco más al calor profundo del interior del alma.

Escalones como eslabones con dirección a la evolución, son los llamados por el autor "juicios cósmicos", diez juicios cuyo lugar de residencia se encuentra en los cuestionamientos sociales y familiares, en las creencias del deber ser y las voces que debieren ser mudas y que despacio y lentamente susurran un "no puedes". Elementos que en el día a día limitan la iluminación y el crecimiento del ser, son utilizados por el autor a manera de guía terapéutica para acercarse a los niveles de consciencia del lector y justo ahí aplicar sus recetas de cura y armonización del ser, pero sobre todo del alma para alcanzar la superación y evolución personal, que, a la larga, conllevará un aumento de consciencia en toda la especie.

Una mente inquieta que arroja a la cara del lector, diversas preguntas que cuestionan su existencia, pero que, con la lectura a sus respuestas, el lector se vuelve testigo de la sagaz intención del autor, que no es propiamente cuestionar la existencia del individuo, sino enfatizar el sentido de la vida.

Dentro de los cuestionamientos que hace el autor y que en los que nos toma de la mano, hay uno en particular que no solo llamo mi atención, sino que además estimuló mi espiritualidad y mis ganas de continuar leyéndolo:

¿Qué te gustaría ser para hacer en la vida?

Todo absolutamente todo lo que nos ha sido dado por Dios, nos ha sido dado como un regalo divino con el propósito de entregarlo a nuestros semejantes, es ahí donde el ser humano en su libre albedrío tiene la capacidad de decidir si ese regalo recibido, lo hace suyo sin compartirlo, o bien lo comparte como una señal inequívoca de iluminación universal.

Por el presente libro es material forzoso para aquel que sabe y a su vez duda de su iluminación, para aquel que ama pero que también ha sido lastimado en esa trayectoria de amor, para aquellos que conciben lo bueno y lo malo como una dualidad que sin el entendimiento adecuado, se condena a repetir el mismo conflicto, por lo que resulta esencial entender en la consciencia de unidad que aquel traicionado, tiene a su vez un rasgo similar que es capaz de cometer la misma acción o incluso haberla consumado antes viviendo en un reflejo con el otro, con el universo; siendo justamente este raciocinio el fundamento y motivo, de que la evolución del ser como persona, conlleva la evolución de la sociedad, de la especie y por consecuencia, del universo.

Luis Manuel Rodríguez

Abogado

DOS SENDEROS UN CAMINO

POR

JOSE LUIS ARAIZA UGALDE

Cada libro es el reflejo de la historia de su autor. Esta obra es el relato transparente del alma de un joven en su recorrido existencial por encontrarse con su ser.

Isaí nos lleva de la mano por el camino de reconocimiento de su ser interior. De su voluntad y coraje para iniciar un viaje sin retorno, entre dos senderos luminosos de un mismo camino que empaña la niebla que nubla la mirada del inconsciente.

Isaí tuvo la sabiduría y el privilegio de advertir el camino por el sendero del cuerpo y la experiencia emocional en Biodanza y el de la mente y la palabra en Psicoanálisis.

Una pregunta, una prescripción o receta a el alma como hoja de ruta y un axioma de firmeza se convirtieron en la brújula de su andar.

Isaí inició su periplo, por un camino sinuoso con trampas de la razón, peligros de la pasión y miedo al desengaño, a tropezar por zonas oscuras de dolor, a la soledad del vacío existencial y la oquedad afectiva.

Al emprender su viaje sólo dispuso de muchas preguntas un deseo y cuatro resguardos.

El deseo surgió de preguntarse ¿Quién soy?

Convino en caminar ligero, soltar el peso del deber ser, del imperativo existencial que constriñe, siguió acompañado sólo por el deseo de ser, como única condición para encontrar su verdad y expresar en libertad sus emociones, disposiciones e intenciones

A pesar de lo escabroso del camino, su convicción fue encontrarse con su verdad, la integración y evolución de su ser, con la expansión de su consciencia, para lo cual, dispuso de cuatro fortalezas en resguardo que iluminaron su andar: su experiencia emocional, una intuición aguda, su sapiencia y una voluntad inquebrantable.

Se encontró con las huellas de personas sabias y significativas, que le ayudaron a diseñar el mapa de sus afectos para transitar por el territorio del cuerpo, la psyché y el espíritu. Las emociones florecieron en el paisaje del cuerpo y los sentimientos en las praderas del sendero de la mente.

En su trayecto lo acompañaron emociones que movieron y conmovieron todo su pasado emocional y lo llevaron a romper con el paradigma y la creencia de que la mente y el cuerpo están separados por esencias distintas. Pronto constató que, dicho con sus palabras: "No podemos seguir ocultando el fracaso de enaltecer el intelecto por encima de las emociones y nuestras pulsiones...".

Se encontró con un rio donde corría con fluidez el reflejo de su experiencia emocional, en uno de sus remansos al mirarse en su reflejo advirtió que ya no era el mismo, se abrió la oportunidad de re-escribir su historia y para ello, cruzó el puente conformado por imágenes y alegorías hacia el sendero de la significación, el análisis y la reflexión.

Frente a encrucijadas, atajos y señuelos de engaño, prefirió ir en busca de la armonía dialógica entre los avatares de ambos senderos.

Espectros y fantasmas no doblegaron su afán de verdad, la palabra trémula se impuso entre los entresijos de la mente y el cuerpo, la pasión y el espíritu, sin desasir el enramado de la emoción y el significado.

Entre simbolismos y representaciones, encontró momentos de paz y de guerra, de dialogo con Dios y con el diablo, con el iluminado y él artista acerca del derecho y la justicia, el amor y la amistad.

En la confluencia de dos senderos en un camino, se dio la transformación y encuentro con su verdad, la integración del ser y expansión de su consciencia.

Después de mucho peregrinar por su interior, entre la afección sincera y la palabra auténtica encontró la verdad que lo hizo libre y llevó a la integralidad.

La libertad de soñar, imaginar y pensar; de con-vivir con alegría y ternura, afecto y erotismo, con afecciones alibles de placer y éxtasis.

La integralidad referida a la acción que deriva de su ser y no del deber ser, de ennoblecer el alma y enaltecer el espíritu, de sublimarse en el amor y la epifanía del encuentro.

¿Qué les diría?

Prepárate para enojarte, discrepar, compartir, y, sobre todo, prepárate para reencontrarte con fragmentos de poesía, teoría, filosofía y recetas para el alma. Prepara tu mente y tu emoción para perderte un poquito y reinventarte con versos que están dedicados para darte respuestas, empatía y una visión diferente de Dios, la VIDA y tu propia misión...

A propósito de estas letras, siempre estoy seguro de que, aunque en muchas ocasiones, con o sin evidencia, sino por una interconexión que no corresponde siempre a la Ciencia definir, mas solo responder o rebautizar a la aplicación intuitiva existente, estoy seguro de que de algún modo los seres humanos están destinados a sanar.

Todos los días, del resto de tu vida, será una misión constante hacerlo, considero que existen capítulos por los que el Alma en ocasiones afligida del andar sobre la vida, necesita despejar, aclarar, y simplemente sanar.

No es sencillo, y no hay una Nosografía o Nosología específica que nos explique sin errores la eficacia temporal y metódica del cómo sanar.

Estar inmersos en el camino existencial y en las manifestaciones naturales de la condición humana, nos seguirán encontrando con caminos que serán desafíos sujetos a repetición o a rescribir.

De cualquier forma, casi nunca es tan tarde para decir un <<te quiero, un perdón, o un comenzar>>. Seguro que ni siquiera en el umbral de nuestra propia muerte es demasiado tarde.

Como sostengo en la primera Edición:

> *Vas a sanar, tarde o temprano, pero vas a sanar.*

> *Cuando tus ojos estén listos para mirar y tu cuerpo aprenda a sentir habrás aprendido la lección, y entonces tu alma sanará.*

> *Mientras aprendes a volar, mi vocación es acompañarte a recordar cómo aprendiste a caminar, a recordarte un fragmento de tu misión, y que jamás olvides que ya eres lo que siempre deseaste ser en realidad.*

> *Creas o no, tu alma tarde o temprano sanará.*

I.S

PREFACIO

Dios es el enigma del infinito representado en innumerables diálogos y concepciones de pensamiento, todas absolutamente válidas, jamás lo podremos definir en una idea concreta. Si hay algo en lo que estaremos en sincronía, y nos puede acercar a una idea más aproximada de una "definición concreta", es, que cada uno de nosotros lo vive a su imagen y semejanza.

Dios, representa un diálogo interior inefable, sin importar el tiempo o el espacio. Dios, al ser omnisciente, funge como un gran diván existencial sobre nuestra proyección de lo que concebimos como lo Real.

No hablo de un Dios *Padre/Madre* Antropomórfico. Aunque el libro es un contenido de vivencias inherentes a la condición humana, y de alguna forma, podría acotarse a ese Dios Antropomórfico, no considero pertinente crearlo a nuestra imagen y semejanza siendo que es Creador del Universo por definición. Por ello, es necesario meditar profundo sobre la vida. Y no hablo de meditar sentado en flor de loto, sino en un meditar activo y pasivo. Un estado que nos mueve a mantenerlo inclusive en nuestra rutina.

La Tierra, es un diván existencial y un compuesto biológico para que el Espíritu y el Cuerpo conecten con la memoria del Alma, haciendo una especie de transferencia sensorial con aquello que proyectamos a imagen y semejanza.

Nuestra Imagen y Semejanza es una revelación de suma trascendencia para crear la realidad. Esta, se compone de oraciones, quejas, milagros, opiniones y algunos agradecimientos por las experiencias que suceden a diario. Toda esa red de comunicación que transferimos al exterior en forma de juicios se le conoce como Dios, Universo, Energía; mientras para otros, esto se representa como algo sin importancia cuando es la raíz de lo que creamos.

Dios, es un profundo diálogo interior expresado a partir de que vivo y me relaciono con el otro en forma consciente, por lo tanto, ese diálogo que surge a través de los sentidos es una forma de percibir la conexión con el Todo.

La capacidad que tiene el verbo de crear es equivalente a la capacidad que tiene para sanar, el verbo es un don que produce lo que conocemos como la realidad, y así nos convertimos en los autores nuestra "Génesis y Apocalipsis…"

El Todo, el Ser y Dios

No necesitamos todo cuando ya somos parte de Todo, por el simple hecho de ser un fragmento de ese mismo Todo.

Ser parte de la existencia, nos asume como conectores a elementos naturales de una composición infinita.

Dios y la Vida son Existencia, y no hay Existencia sin el Ser, entonces Ser es Todo.

Todo es Dios y Dios es el Ser, siendo que el Ser es Existencia y todo eso es la Verdad. Si la Verdad es solo la Verdad, entonces lo es Todo...

Estamos destinados siempre a regresar al Ser porque es la única Verdad.

Vivir presentes en el Ser, nos conduce al planteamiento de la mayor parte de las preguntas más complejas de nuestra existencia

"¿De dónde venimos?, y si no existiéramos, realmente, ¿en dónde estaríamos?"

Contestar preguntas sobre la existencia, podría llevar toda la eternidad ya que, al plantearlas, nos incitan explorar terrenos tan diversos que significaría una insensatez contestar de forma absoluta al significado de la vida como un imperativo universal.

Representamos un cuerpo dentro del Todo, somos un Ser dentro de un gran SER, por eso, las visiones explicadas en este libro son una acotación a la experiencia propia, al aprendizaje obtenido en epifanías y contemplaciones. Todas ellas, producto de años y no de momentos o cursos.

El libro, es una pregunta eternamente evolutiva sobre cómo sería el equilibrio o la visión existencial más cercana a una *"sabiduría desde el punto de vista de la unidad (Dios)".*

Los 21 capítulos conllevan un mensaje para digerir día a día mediante recetas para el alma y 21 aparentes mensajes cifrados.

Cabe señalar, que las recetas son un método creativo que uso en Terapia. Así como un doctor usa recetas para sanar al cuerpo, las he creado para hacer proactiva la mente, la emoción, y activar el aprendizaje del Alma.

Espero que las palabras enmarcadas en la presente obra sean una navegación interior para comprender mejor la vida, su transitar, y así transformar a partir de nosotros nuestra relación con el mundo.

Como agregado a la segunda Edición, por obvias razones, debo confesar que me tuve que releer, lo digo incluso a modo de introspección. Realmente el proceso de parto de este libro supone un parteaguas a la visión de la vida. Atendiendo a que todo cambia, Dios, por obvias razones, es también una cercana descripción a la ley de la materia – *Nada se Destruye, Todo se Transforma* – y sujeto a este suceso cósmico, debo decir que hoy no me siento el mismo, que hay agregados que siento el impulso consciente de vida de ir reformulando sin despojar del espíritu esencial del mensaje que el lector vaya a recibir.

Quienes conocieron la Primera Edición del presente libro, se darán cuenta que este apartado era la Introducción, sin embargo, al hacer una nueva estructura, decidí hacerlo como prefacio, pues en la correcta atención, aquí estarán muchas situaciones a comprender, junto a los Prólogos para aterrizar conceptos y mensajes que puedan estar, sin entender.

De ninguna forma me permití alterar los prólogos y volver a someter el libro la lectura de quienes fungieron como maestros de vida y prologuistas.

La primera razón, es no viciar la esencia del Ser que en un espacio-tiempo conocieron de mí, ya que el Libro fue diseñado en muchos intentos y en muchas ediciones previas para llegar al producto final. Todas las composiciones del trabajo previo sin un influjo de experiencias propias y de terceros en diferentes coyunturas de tiempo.

La segunda razón, es precisar que la visión que llevan los prólogos, son aspectos de suma trascendencia en aquellos capítulos de vida que fueron las herramientas exactas para la construcción de ingredientes.

Tercera Razón, esta ligada a hacer la segunda edición sin alterar el mensaje original de la Primera, sino con la finalidad de hacer explicaciones nuevas a las ya expuestas.

Como última consideración, la finalidad de las ulteriores razones es lograr introducir a la segunda parte de este libro, que significa el mundo después de "ESTO", y "ese ESTO "a modo de incógnita depende proyectivamente de lo que hoy estás viviendo junto al Mundo Antes, y después de la Pandemia.

INTERPRETACIÓN DEL MUNDO DESDE LAS TRES ESFERAS[2]

La forma en la que me permito dialogar con la Realidad y la concepción de Dios surge a partir de la experiencia de procesos personales que van acompañados de Terapias Alternativas como Biodescodificación, Biodanza, Meditación y el estudio de otros pensamientos como el Derecho, la Filosofía y el Psicoanálisis. Considero una certeza puntual en mi camino haberme encontrado con estas herramientas para inspirar la misión del Alma y conectar con aquellas otras Almas dispuestas a sembrar una semilla de consciencia en un mundo que a veces parece que se nos cae a pedazos.

Concebir los aprendizajes mencionados han ayudado a crear raíces firmes y flexibles en el intelecto, el cuerpo y la emoción. Inspiraron a retomar conceptos para comprender mejor las situaciones que se presentan en lo simple y lo profundo de la vida a través de teorías triunas que nos ayudarán mejor a conectar con la dialéctica, el pensamiento y aquello que concebimos como Realidad:

---

[2] Inspirado en Jacques Lacan, para el instante que decidí integrar esta formulación si ser precisamente la que es fiel al lenguaje psicoanalítico sino de un entendimiento experimental de lo que mi sabiduría ha logrado integrar del mismo. Como dato, Lacan lo menciona como el NUDO BORROMEO.

Teoría Tripartita de las Tres Esferas:

- Imaginación
- Simbolismo
- Realidad

Imaginación.

Aquellas creaciones y manifestaciones que aparecen por medio de percepciones sutiles de la mente, tales como el sueño, o dinámicas de visualización, nos permiten experimentar una sensación de realidad alterna, que en apariencia no es palpable, pero irónicamente se torna tangible si la definimos como una manifestación energética que produce la mente por medio de imágenes y sensaciones que evocan deseos, bloqueos, miedos y alternativas en potencia. Es decir, que la imaginación es realidad [3] porque existe la mente y todos conocemos algo de la mente y su existencia.

____

[3] En la Primera Edición usé el término Real, sin embargo, para efectos prácticos y desde el Psicoanálisis De Lacan, coincido que para la Existencia lo Real y la Realidad no son lo mismo.

Imaginación en el Terreno de la Profecía

La creación mental tiene lugar en la Fantasía, y es una manifestación visual que me ha llevado a plantear la siguiente pregunta – *¿Por qué imaginamos o visualizamos?* – Podría tratarse de que consciente o inconscientemente estaríamos ante la formulación de un potencial futuro constante – Originado que jamás se vive en lo Real, toda vez que podemos ser presos de nuestra Realidad. O el deseo nos vive o vivimos el deseo

El futuro podría ser un recóndito anhelo o miedo que nos brinda una certeza; y es la de saber más sobre nosotros mismos en un espacio y tiempo alterno, por ejemplo, ¿qué sería de nosotros sí "… "?

El futuro es un anhelo o un miedo de comprender el presente por una situación estimulada de pasado otorgando fuerza a la interrogante de qué sucedería si pudiera alterar una situación.

Si Imaginar es manifestar un "algo", y ese algo contiene un deseo, un miedo, o un suceso por resolver, entonces engloba una generación creativa y subjetiva de misterio en el lenguaje del inconsciente. De ahí que el acto de vivir en lo Real podría ser el producto de una visión mental que fue vaticinada con anterioridad por un patrón de miedos o deseos, independiente si el observador es consciente, lo cual nos acercaría que lo real es lo imposible, pues al vivir en la Realidad, nos alejamos de lo que es para vivir en el imago de la falta o el deseo (derivado de una falta).

¿Alguna vez Dios se imaginó el mundo, o tal vez se imaginó en su reflejo que él ya era todo el universo?

El imaginar nos lleva a un sinfín de preguntas existenciales complejas con diferentes respuestas y contraposición de planteamientos. Nuestra vida es una creación imaginada, es un sueño codificado para ser vivenciado, y eso es la Realidad, en parte.

Simbolismo.

Desde diversas ópticas de pensamiento podríamos abordar el significado de lo Simbólico. Pude generarse desde conceptos como Arquetipo, las Formas, el Matema o la Imagen. Definir y explicar por medio de la metáfora facilita en gran parte la respuesta a los significantes atribuidos a una causa; llámese pensamiento Científico, Filosofía, Psicología, Empirismo, Esoterismo o Religión. Todas estas formas se basan en el Símbolo en algún punto, pues su labor es el puente de interpretación, codificación y explicación entre lo Imaginario y lo Real.

Símbolo, aporta un sentido de proyectar "algo" que supone ser la respuesta a los planteamientos y deseos. El efecto del Símbolo es tan importante que nos muestra una historia profunda y almacenada en vivencias que se enmarcan en comportamientos, patologías y verdades que son la directriz de una época. Por ejemplo; la Religión, la Psicología, el Esoterismo entre otras creencias o niveles de pensamiento, depositan sus verdades en el Símbolo que erige como verbo, objeto, o incluso un sujeto.

Realidad.

Todos hablamos de los conceptos de realidad y verdad, parecen ser conceptos similares; por un lado, atañen similitudes en la expresión del Lenguaje, y por el otro, son opuestos desde el abordaje profundo sobre la Vida y el entramado de la Consciencia.

Desde la experiencia común, Realidad y Verdad, son una visión parecida, donde Realidad y Verdad suelen confundirse como una misma. Sin embargo, existe una línea de separación muy íntima que acota a Realidad como la vivencia subjetiva y a la Verdad como juicio obtenido sobre la experiencia. Desde Dios, como Consciencia de Unidad del Todo, no existe la realidad sino lo Real como lo que compone el conjunto de realidad, y eso es la Verdad.

Como seres humanos, es normal formular nuestras propias Verdades, *(a partir de ahora serán verdades)* producto de nuestras diferentes experiencias/realidades. La profundización y diferenciación de Verdad, verdad, Realidad y Real serán expuestas en **M E T A N O I A**, para fines prácticos, será importante conocer verdad como la propia, y Verdad como la única, así como Realidad (nuestra percepción).

Cada persona vive algo que compone un infinito mundo de Realidades y Posibilidades. Esto significa, que no todos han tenido las mismas experiencias, y todo ese entramado, es la composición de la Verdad, por eso resulta tan complejo definirla más que a nuestra imagen y semejanza (verdad).

> *<<La realidad es verdad, y la Verdad es simplemente la Verdad, por lo tanto, la Verdad es lo que es, más no en la que se dice que es, eso sería solo una verdad >>*

Lo *IMAGIARIO, SÍMBOLICO Y REAL* conforman nuestra perspectiva, la derivación de causas vivenciales proyectadas al sentido que le damos a la vida para explicar el origen y encarnar el principio holográfico de conocer una entidad más grande que nosotros, y que acuñamos al nombre de Dios, Energía, Materia o Matriz.

La vida la vivimos, la energía la sentimos, y a Dios lo describimos a partir de nuestra imagen y semejanza, principio que es proporcional al libre albedrío.

La gran Contradicción Existencial del Libre Albedrío es que nacemos libres y también siendo esclavos. La suposición del tiempo-espacio donde creemos ser libres conscientemente, pero esclavos inconscientemente, determinará lo que realmente hacemos de nuestro camino durante el transcurso de la vida y de cómo percibimos y juzgamos al mundo a partir de la relación que tenemos con nosotros mismos mirando a Dios cuando miramos al otro.

¿Cuál es mi propósito de estar vivo?

Ecuación Filosófica de la Vida

- Integración: Conocimiento de causa de tu realidad expresada a través del tiempo. Surge la *Consciencia* para impactar a tu *conciencia*.

- Disociación: Ausencia de armonía entre hacer, pensar y sentir, negación del ser y culpar para negarse a ver. A mayor represión, mayor neurosis.

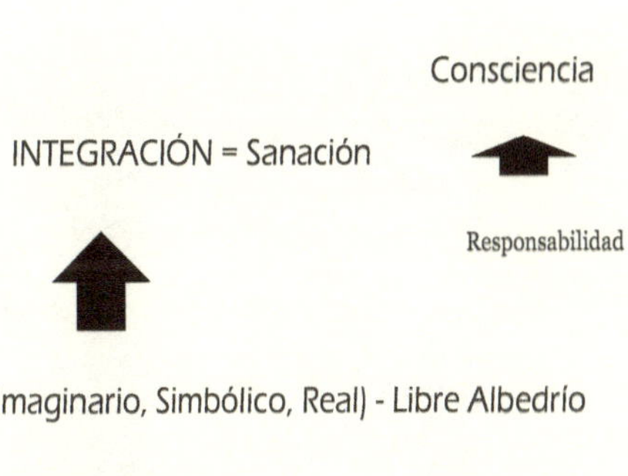

(Imaginario, Simbólico, Real) - Libre Albedrío

REPRESIÓN = Neurosis - Inconsciencia

Nota: *La consciencia surge como aprendizaje perceptible de una voz (voz del alma) que integra las diversas raíces de una situación, una vez integradas, es más sencillo ejercer conciencia sobre las cosas.* **Conciencia y Consciencia** *no es lo mismo. Cuando la Conciencia tiende más a la enfermedad, habla de un conflicto con la percepción de la realidad, es decir, no hay acceso a la Consciencia. El síntoma expresa algo no dicho que se instaura en alguno de nuestros múltiples cuerpos reproduciendo represión y mayor neurosis, es decir, hay aun ego patológico, aunque es un mecanismo inherente a todos.*

<<Si crees no saber algo, entonces, ¿qué estás esperando para hacerte una pregunta?, ¿acaso definir la vida y a Dios no es un enigma? No temas a la duda, por algo nos hemos creado la Fe>>

Isaí Shanti

Si algún día abres los ojos, pregúntate:

¿Quién soy?

El Reino de la pregunta supone la respuesta frente a tus ojos, no podemos esperar a la Ciencia para que dicte lo que es la Verdad, ni tampoco fiarnos de cualquier Sistema o Líder que dictamine imperativamente a creer una verdad propia como Panacea. El poder de la pregunta, no solo nos entrega la enorme capacidad de dudar, cuestionar, y descifrar intenciones ocultas. La pregunta es una forma de obtener medios para crear algo potencialmente que está en el imaginario, o, en su caso resolver algo de lo que nuestra realidad ha visto.

La Pregunta nos acerca a dos marcos de la Universalidad: por un lado, a navegar en la marea de la incertidumbre, y por otro, al deseo de una Certeza.

SABIDURÍA, INTELIGENCIA Y ASTUCIA.

Formular preguntas con sabiduría no consiste en la aplicación de una metodología concreta, atiende a la aspiración coherente de nuestras percepciones en un momento determinado. Es importante distinguir Sabiduría de la Inteligencia y la Inteligencia de la Astucia.

Las puertas de la sabiduría están a una pregunta correcta de distancia. Un Sabio no lo sabe todo, y sabe de aquello que no sabe, que significa reconocer de lo que no se sabe, por eso, la sabiduría es Consciencia.

La Inteligencia, se desenvuelve más en el terreno de la lógica y la conciencia (el juicio) pues su proceso atiende a la valoración calculada e incluso reduccionista de la realidad, lo que nos separa del acceso a la subjetividad y deja de lado la aspiración de acceso a la unificación de un Todo. La Inteligencia, sin menospreciar su gran virtud y avance, nos lleva a lo que tiende más al debate o la Ciencia.

La audacia, como proceso inmediato de un *estímulo-respuesta* que puede ser procesado sin valorar las consecuencias, pues a diferencia de la Inteligencia, la segunda prevé resguardar una postura lógica, y mientras tanto, la audacia, puede ser supervivencia, o una forma de burlar una ley *(Imaginaria-Simbólica-Real)* para la obtención inmediata de beneficios o satisfacción de necesidades que no llevan una intención, profundidad, y podrían ir más ancladas a la ansiedad y la impaciencia. Esta fuerza, es la más común en la Sociedad de Competencia y búsqueda de Eficacia.

 La Característica común que tienen estas cualidades de la percepción de la realidad, es que están dirigidas a que actúan en la ilusión del tiempo, se producen por la mente, y todas conllevan un proceso. Su diferencia, está en sus consecuencias, en su profundidad y en los mecanismos fisiológicos-Psíquicos.

La pregunta ya supone respuestas constituidas en la realidad del imaginario. La pregunta siempre es una posibilidad para construir o destruir, es un poder creado con intención de Realidad (camino de lo Ideal al Real). En ocasiones, las preguntas planteadas se vuelven verdades para nosotros. Esas verdades suponen un tanto de dudas, miedos o deseos presupuestos, que anuncian profecías potenciales que se conjugan con otros factores que para algunos son causalidades, y para otros, casualidades.

Si Dios está en Todo y es el Todo, entonces cabe la posibilidad que Dios está en la guerra, en la anarquía, en la política, en lo profundo y en lo simple.

La Génesis de la pregunta es el preámbulo de la encarnación del verbo, se cuestiona – *¿De dónde venimos?* – Y aunque podemos ser un cúmulo de innumerables falacias, creo que todas las respuestas son válidas lo que al mismo tiempo anularía la existencia la falacia en sí misma.

Volviendo a la pregunta sobre el dónde está, tal vez, creo no está, sino que, en toda vez, solo Dios Es[4], y esa es la incertidumbre con la que seguramente navegaremos toda la vida.

---

[4] Eliminé la Analogía del Superhombre de Nietzsche, al encontrar ciertas revelaciones que me llevan a reformular estás preguntas con una mayor profundidad. El concepto, Dios es, será desarrollado en M E T A N O I A.

RECETA PARA EL ALMA

¿Tus preguntas ya se contestaron
en tu imaginación de forma previa
a su planteamiento, o buscas un
conjunto de caminos posibles que
abrieron la generación de la
interrogante?

0 LE MAT

Dios inhala y contiene el Caos, Dios exhala y se manifiesta la creación, danza cósmica de la pulsación.

LOS LOCOS TAMBIÉN ESTÁN CUERDOS...

HAY ALGUNOS DE ELLOS QUE HAN SIDO GENIOS, Y HAN SIDO CRUCIFICADOS POR CREERLES ENFERMOS EN UN SISTEMA QUE ESTÁ ENFERMO.

EL SENDERO DEL CREADOR

"EL INICIADO "[5]

PRIMERA PARTE

---

[5] Se Elimina la Segunda Parte como la Sección II, "El Maestro", pues **M E T A N O I A,** se ubica en construir y deconstruir el lenguaje y el discurso que se vive en el Mundo Post Moderno, a modo de hacer un análisis al cuerpo social de la existencia con la finalidad de poder abarcar y conocer nuestras repeticiones compulsivas que están creando brecha en sociedades polarizadas desde antes, durante y post pandemia.

<<El iluminado es consciente de no tener la píldora mágica de la sanación o la felicidad; la iluminación es un proceso de sanación diaria con uno mismo para extenderlo a los otros. Tal cual funciona el cosmos, de adentro hacia afuera>>

Somos entes biológicos en expansión constante... ¡Big Bang!

Isaí Shanti

El Exceso de Información, representa un conjunto de datos difíciles de digerir, los cuales, podrían mantenernos ahogados en creencias establecidas como si se trataran de las únicas verdades. El abordaje sobre ciertas ramas de pensamiento, encasillan una especie de monografía que define tan solo una arista de realidad; por ejemplo:

a) Todos los Políticos son corruptos

b) Todos los hombres son iguales

c) A las mujeres no puedes darles ni todo el amor

ni todo el dinero

d) Si no tienes título profesional aspiras a ser

nadie

e) Si eres artista te vas a morir de hambre.

¿Bajo qué contexto hemos asumido esas verdades que definen nuestra realidad?[6]

Fue en un seminario de Filosofía y Psicoanálisis donde me surgió toda esta ola de preguntas sobre las etiquetas donde el ponente *Mauricio Beuchot* mencionó lo siguiente:

<< Se ha derramado demasiada tinta por poner

en predicamento científico al Psicoanálisis[7].>>

Sucede que eso me llevó a fluir y analizar mis paradigmas estructurales para resignificar lo que hasta hoy sigo desarrollando sobre el concepto del Iluminado. Cuando puse atención a la palabra, y me dediqué a observar aquellas dialécticas, descubrí que se le relaciona de forma análoga con una agrupación viciada

---

[6] Hablo de premisas genéricas como referenciales dichos por ciertas mayorías.

[7] Seminario "PSICOANÁLISIS COMO CIENCIA" Mauricio Beuchot 16 de enero de 2019, Ciudad de México.

de lo que se cree que es la espiritualidad, así como el ejemplo de la Terapia Psicoanalítica.[8].

 Pensar que un iluminado es el ermitaño exiliado de las montañas, un desafiante profeta meditando en el desierto, un grupo de personas liberándose de las trampas del ego con ceremonias ancestrales y con la consigna aceptada de significación depositada y presupuesta en las plantas medicinales como el objetivo de sustraerse o "liberarse" de una realidad esclavista de un Sistema al cual se le asigna una característica de opresor tendiente a generar una conspiración[9], me llevó a entender más sobre nuestro Narcisismo Espiritual. Así como se critica *al <<Sueño Americano>>*, es bueno cuestionar el *<<Sueño del Despertar >>*en discursos instaurados.

El surgimiento de componentes narrativos como la *matrix*, y la *estructura de poder*. Al Iluminado, se le ha caricaturizado e ideologizado, se le ubica en contextos de espacios, incluso setentistas o colectivistas;" *hippies "o anarquistas, alcanzando la*

---

[8] Quite el concepto de Experiencia relativa, en la continuación, abordaré con mayor profundidad Relatividad.

[9] No me meteré en que puede ser parte de cierto o comprobable, pero sí aclaro que no estoy en contra de ninguna terapia alternativa, sino que hago una mención oportuna para aprender a usar herramientas terapéuticas para sanar, y no para evadirse o moda.

divinidad o teniendo las respuestas de lo que se cree que el mundo necesita.[10]

Al Iluminado se le puede mirar como Individualista o Colectivista, pero, primeramente, es necesario ubicarlo en la Experiencia, pues el Iluminado es la respuesta vacía en busca de llenarse en un camino que se construye por diferentes vías. Para algunos, es el disfrute de meditar, la creatividad de bailar o el don de escribir. También, lo encuentran por medio de la mente; sea Abogacía, la Ciencia o la Medicina.

La Iluminación es la herramienta y la definición propia de la inspiración como aquella cualidad de encontrar el propósito de una vocación para el servicio en la evolución de un Sistema que nos interconecta directa o indirectamente a todos para un fin determinado.

El Iluminado es un efecto Sujeto de la inspiración o del alma que nos concierne para retornar a la esencia que nos lleva a la pregunta vital.

---

[10] Respecto a este punto, una de las nociones que ha caricaturizado al Iluminado, está en la imagen adoptada e instaurada en las nuevas Terapias Alternativas que recogen consignas y demandas de igualdad, bien común, privilegios o colectivismo. Estos saberes, se han adueñado de sistemas que buscan abrir la consciencia. La dicotomía y la problematización de que se ha ideologizado a la consciencia es lo que le llamo el choque de los saberes (M E T A N O I A, 2021).

¿Quién Soy?
Pregunta Esencial

Ser lo que por Existencia ya Es, la Iluminación se encuentra en cada fragmento de la consciencia.

El Iluminado es una cualidad perteneciente a un gran espíritu (Un Todo) que vive de Experiencia.

La Experiencia comienza cuando el espíritu logra una fusión mediante la ubicación de un cuerpo dimensional para concebir la creación del alma, consecuentemente, nos convertimos en un mecanismo de experiencia biológica (al menos en la Tierra) para percibir en diferentes grados la consciencia.

Gandhi, Jesucristo y Buda, por mencionar algunos maestros y pensadores, tenían una integración coherente sobre el camino del "YO SOY ", es decir, la integración de su mundo interior (SER) con el hacer. Su legado transgeneracional es resultado de la claridad esencial de su misión de vida, desde la sublimación del arte escrito o la oratoria.

Cada uno de ellos invitaban a la reflexión, introspección y la autonomía, mediante metáforas, parábolas, escritos y alegorías.

Enseñaron principios básicos que nuestra sociedad ha descompuesto del mensaje esencial en aras de resolver todo por la paliación consumista y el control de un saber.

CREEMOS SABER QUE SOMOS SIN SABER QUIENES SOMOS

El Yo Soy es un compuesto utilizado en corrientes de autoayuda, espiritualidad y religión, y este refleja la unión de la materia densa hacia la consciencia y viceversa. El <<Yo Soy>>, no es una manifestación de un << Self, o una manifestación de la Psicología del "Yo">>[11]sino una búsqueda y certeza potencial de una Voz Universal que engloba una red de consciencias dirigidas a una sola Mente Universal. Es decir, se vuelve tan compleja y profunda porque no es una voz emancipadora o adyacente de un Individualismo o un vestigio del narcisismo.

Yo Soy, es un Todo, y es una intimidad a Dios preguntándose cuántos caminos para llegar al Ser se pueden experimentar, siendo que ya Es.

El ser humano es un fragmento del Todo que experimenta su evolución en un nivel de consciencia llamado cuerpo, así, comienza un viaje de potenciales para aplicarse en un espacio-

---

[11] No se alude a un Yo personal, sino Transhumanista e Individual, algo muy parecido a un Seminario sobre el "Yo" Hegeliano que habla de los "yoes" parlantes y unificados.

tiempo. Cuando se comprenda que la importancia del contenido la fuerza creativa como llave de la Iluminación, se dejará gradualmente de enaltecer solo lo superficial en detrimento de la esencia, he ahí gran parte de la desvinculación del mensaje original por la Religión, la Política, la Educación, la Economía y La Ciencia.

Esquema Holográfico de la Iluminación

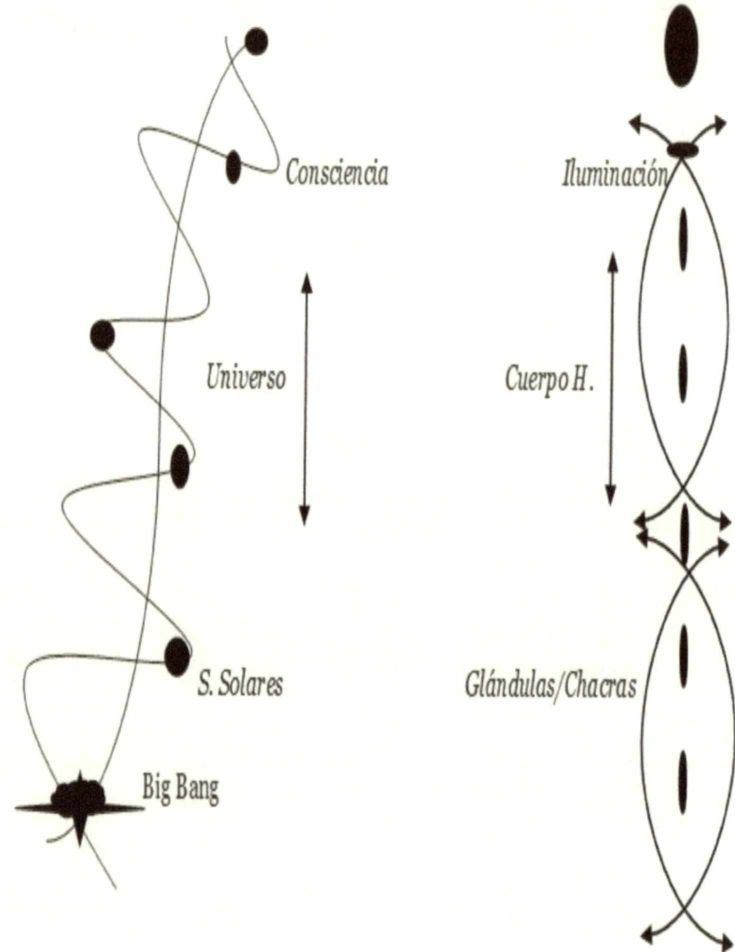

Explicación

El cuerpo es el mapa del cosmos, y cada glándula a nivel biológico representa la evolución de la consciencia [12]. Cada glándula o zona de energía corporal es una consciencia análoga de los múltiples Micro universos dentro del Macro universo, quiere decir que, si el Cosmos es una interconexión de diferentes sistemas solares, lo mismo sucede en el cuerpo, poseemos diferentes sistemas orgánicos con el fin de experimentar realidades que van a estar ligadas a una Percepción.

El ¡Big Bang! es la primera respiración y la representación de la mente del Universo (Dios),

Esta Teoría la explico metafóricamente como la inhalación y exhalación al Ser Humano, también, es el orgasmo femenino y la eyaculación en el hombre. El Universo, nos muestra el reflejo de la interiorización y la proyección (dualidad), es el caos y la creación, el ego y la consciencia.

Se ha comprobado que nuestro tiempo y galaxia no son lineales, que la Tierra no es plana y que el Sol no gira alrededor de La Tierra. Cada conocimiento adquirido es una perspectiva replanteada, y obedece a un orden progresivo que se revela como

---

[12] A nivel energético las glándulas son centros de energía que son la primera capa del cuerpo físico, en otras culturas se les conoce como chacras o vórtices de energía

Iluminación. La función *espacio-tiempo* de nuestro cuerpo y el universo, son un holograma de entendimiento << *como es arriba es abajo y como es adentro es afuera*[13]>>, la importancia de la Biología como experiencia material o del cuerpo físico, conlleva a la constante búsqueda de respuestas que buscamos desde que somos espíritu.

DIFERENCIA ENTRE CONSCIENCIA E ILUMINACIÓN

La Iluminación es tu Don (INTUICIÓN), y la Consciencia tu percepción de aquellas obras que creaste con ese Don, ambos van de la mano, implican evolución integrada al Todo que es el SER. Cuando los potenciales van a la destrucción, pierden el rumbo y el flujo, entonces se enfocan al EGO, el cuerpo se enferma, y desencadena de forma fragmentada o sucesivamente la ausencia de condiciones para albergar la producción y generación de vida.

---

[13] Véase 7 Principios Universales o Kybalion

RECETA PARA EL ALMA

Un Decreto o plegaria no tiene eco si la palabra o el verbo no es conmovida por el corazón.

Tampoco funciona, si el objeto ubicado en la pregunta que reside en la mente no es contestado con claridad, y la enunciación del acto no viste la realidad que se pretende crear.

Podrás rezarle a la flor para que resucite, pero si no hay acto que impulse, esta, no volverá solo de tus plegarias.

1   LE BATELEUR

Yo Soy, es el compuesto del Todo, la búsqueda y el descenso del espíritu

Espiral Evolutiva en Gestación.

EL MAGO SE CREA O SE DESTRUYE

SI REPITE LA HISTORIA O LA REESCRIBE, DEPENDERÁ SI SE
TRANSFORMA.

> *<<Siendo hijos de la Madre Tierra, y sabiendo que al morir nos fundiremos en ella, entonces cultivemos la paciencia>>*
>
> *Isaí Shanti*

La Paciencia[14] es el Significante más aludido en los inconscientes colectivos e individuales que trastocan realidades de forma tan brutal; se vuelve el anclaje más temido, o, en definitiva, la llave más milagrosa de los procesos.

Planteando que nos ha tocado el Mundo de la Cascada de la Información y la Celeridad, te podrás dar cuenta que las situaciones de la vida cotidiana ejercen una visión a contracara de los tiempos.

Por una parte, si miramos al Transgeneracional y en un sentido amplio, nuestros ancestros han sido los mayores pioneros del

---

[14] NOTA IMPORTANTE DE LA SEGUNDA EDICIÓN. Este Capítulo fue de los que mayor trabajo me costó en el proceso de elaboración. Un año después, eliminé por completo el contenido, el cual estará en el apéndice para que pueda ver la redacción eliminada. En esta edición, me permití hacer un abordaje mucho más profundo del concepto

concepto. Podríamos irnos a la era de las cavernas y analizar a la Paciencia como un fenómeno que ha mutado en los comportamientos, en las percepciones, y por supuesto; en las enfermedades.

La Paciencia se presenta como una dualidad importante y fenomenológica, pues atendiendo a las herramientas con las que los Antepasados van contando en cada una de las Eras, sin duda, estas experiencias los llevaron a vivenciar diversos diálogos con la Paciencia desde el fuego a hasta las redes sociales. Y, ¿Qué hemos hecho con eso?

LA PROBLEMÁTICA DE LA PACIENCIA A NIVEL TRANSGENERACIONAL Y ACTUAL.

Cuando en los párrafos anteriores hice alusión a que la Paciencia tenía una dualidad, refiero a la siguiente idea que venía analizando una mañana:

> << *La impaciencia, como consecuencia de un conjunto paradigmático de necesidades, es uno de los motivos experimentales y metódicos más aberrantes en una época con limitación de herramientas y desarrollo tecnológico. Lo lamentable, es que, a la fecha, eso no ha cambiado con toda la evolución tecnológica.*>>

Hoy, en la Sociedad de la Inmediatez, y esto hablado que supone lo anterior, parece no distar en nada de la época actual, caracterizada por la baja tolerancia a la frustración.

Podemos ver esto en la Percepción de los Tiempos; la ocupación excesiva con deseos emancipatorios de culturas de la felicidad eterna e inmediata.

La Paciencia ha sido trastocada en las Discursivas culturales que incluyen a la Política y el detrimento a la libertad de expresión que se confunde con la capacidad ilimitada de faltar al respeto, la proliferación marcada de censura o imposición. Se observa en la Salud, remedios milagrosos y poco accesibles cuando hablamos de servicios indispensables.

Podemos ver a esta "Paciencia Trastocada" también en el Amor y las Demandas necesitadas de paliar dolor, o dar una imagen de lo que se supone es la imposición social del amor. Podríamos incluir a la comida, los procesos industriales, el acceso a la información y el mercadeo.

Hoy, muy pocas cosas requieren Paciencia, incluso, los duelos amorosos se vuelven misiones de espionaje social en redes encubiertas para saber lo que el ser perdido hace o deja de hacer. Sí, la privacidad dejó de ser privada.

NO TODO ES MALO.

Hoy, por ejemplo, en la inmediatez puedo permitirme escribir para ti sin necesidad de convencer a Editoriales para que confíen en mí en largos procesos. Podemos administrar tiempos por tecnologías que llegan a la puerta de tu casa, y podemos llegar a mayores personas con mensajes que busquen contenido.

Ahora, hay Terapias por internet, consultorías y otro tipo de bienes y servicios, pero nos seguimos enfrentando a un gran dilema. Y consiste en aquello que es nuestro deber hacer para gestionar los procesos de la frustración.

Este recordatorio, no solo deviene de un Transgeneracional, sino emana de la Otredad (Los Excluidos, los Históricamente Oprimidos). Sí, gente que al saber que esto existe hoy; como el amor a domicilio, el alimento o hasta atención médica, le representaría un auténtico milagro, mientras a nosotros entró un proceso de normalización.

Es momento de buscar cerrar brechas. Y es cierto, no podemos vivir la vida por lo otros ni cargar con sus cargas. Sin embargo, si generar espacios de cercanía en un Mundo que cohabitamos, e inter-dependemos a través de la mirada de un Ser.

Por sobre todas las cosas ...

Por sobre todas las cosas levanta siempre la mirada, aunque encuentres mil motivos para bajarla.

Por sobre todas las cosas dale un respiro al alma, aunque a veces no encuentres la calma.

Por sobre todas las cosas, no te cases por la iglesia, mejor cásate por amor.

Por sobre todas las cosas crea, y no siempre a todo le creas.

Por sobre todas las cosas ama cuando te brindan razones para odiar.

Por sobre todas las cosas baila.

Recuerda que cada persona no solo es un mundo; es una galaxia y no una conjunción aleatoria del cosmos; somos el holograma de un TODO espontáneamente bien concatenado para la conservación y transformación

RECETA PARA EL ALMA

En la Terapia se abordan Procesos, y el nombre del Sujeto no es su nombre en sí.

En la Terapia se logra la Paciencia cuando el Sujeto se Asume en su Ser Paciente. Ello, implica la valentía de caminar en un camino de subidas y bajadas.

El Proceso no consiste en un método rápido o lento, sino en lo que cada persona escucha de si misma como una revelación que estaba ahí sin realmente ser vista.

2   LA PAPESSE

Toda creación es el cultivo del Propósito, su transición viene de adentro hacia afuera...

El Viaje Introspectivo del espíritu.

PAZ Y CIENCIA

LA ÚNICA RESPUESTA COMPUESTA CUANDO ENCONTRÉ ESTE FONEMA, CONSISTE EN INTERIORIZAR COMO LO FEMENINO, Y ENCONTRAR LA PAZ EN EL PROCESO APLICADO[15]

---

[15] Este fonema compuesto, fue explicado en la Primera edición, es la parte rescatada del capítulo ya que fue cambiado en su totalidad.

III.- EL CAMINO DE VIDA

> *<<Hay personas que mueren sin saber que realizaron su misión de vida, otras, la encuentran tan rápido que mueren frustrados en el intento. El ser humano ha perdido la capacidad de aprender a disfrutar el breve instante que nos produce caminar por la vida>>*
>
> *Isaí Shanti*

En nuestro desarrollo evolutivo; las instituciones como cuerpos *bio-psico-sociopolítico-cultural* abocados a la *educación*[16] en un sentido amplio y concerniente al desarrollo temprano, se vuelven una masa de aprendizaje que compone creencias y estructuras psíquicas individuales y colectivas que moldean nuestra visión de la realidad. Ello, da como efecto la proyección de nuestro contenido espiritual, intelectual y emocional dispuesto para accionar.

---

[16] Educación. Proceso de Formación de la Personalidad a través del cuerpo bio-psico-sociopolítico-cultural

A los Infantes, se les muestran herramientas metódicas para ejercer roles en la vida que generalmente están conducidos al *deber ser* y no siempre encaminados al *Ser*.

Conducir exacerbadamente la educación y las creencias solo hacer como función de un deber, son producto de una educación que se distingue por la prohibición constante, es decir; se ha enseñado en ciertas generaciones a conocer la palabra *"NO"*, que, a mediano o largo plazo, se convierte en un camino regio que conduce a la neurosis o la ausencia de libre expresión.

El exceso de Prohibición puede ser un dique que nos libere de la locura o que nos reprima más en el síntoma inexpresivo. Por otro lado, trabar con esos puntos, crean experiencias al encuentro primordial de nuestra inteligencia afectiva y potencia creadora. Con esto, tampoco busco satanizar al NO, pues partiendo de un concepto relativo, el "NO", también nos brinda virtudes de disciplina y de la acumulación de la fuerza del *"Músculo de la Voluntad"*, pues el "NO", implica el aprendizaje de los límites y el conocimiento subjetivado de los valores de la dignidad humana.

MENTE O EMOCIONES

Se ha sobrevalorado el pensamiento lógico-formal, por un lado, pero en otros discursos, se ha visto que se ha superpuesto un exceso en la valorización de las emociones. En la actualidad, el mundo está dividido en dos conjuntos corporales[17] que están en choque discursivo sobre estas premisas. Ello, lo podemos ver en la Política, en el Amor, en la Orientación Terapéutica y la Economía en detrimento de la educación emocional y el infinito campo de misterio en potencia que implica abordar el tema de la Intuición. No podemos seguir ignorando el poder de los discursos y las emociones que guardan premisas Lógicas sin conocer el mensaje que existe detrás del estudio. El gran problema de separar emociones y lógica radica en disociar nuestros cuerpos en sentido amplio de la palabra. Se han creado avances inconcebibles en el mundo de la ciencia, y, por otro lado, el producto derivado del intelecto ha llevado a sepultar vidas desconectadas y confundidas porque nunca supieron responderse a la pregunta, ¿qué hago con lo que siento? O, ¿para qué estoy aquí ?, irónicamente hablamos de vidas que jamás fueron conscientes de estar vivas, existencias dormidas que creían pensar y existir, pero que jamás existieron para pensar y sentir. Tal vez, Descartes no tenía tanta razón.[18]

---

[17] Cuando refiero a cuerpo (no hablo solo de lo físico sino a un conjunto que puede ser visto como entidades separadas y unitarias del Ser) Véase en apéndice. Cuerpo

[18] Hoy no estoy tan seguro de ser tan absoluto en acuñar el error de Descartes, pues añadiendo que el Orden de los Factores no Altera al producto, analizo que hay bastante de lógica cuando se dice que para pensar se debe existir como una predeterminación al Ser. Por otro lado, considero también que no se existe sin el pensar. Cuando la palabra nombra al ser por

Excluyendo el poder de la intuición, la vida se limita a un cerebro básico y falto de creatividad. En esta concepción, este, solo se dedica a definir para no sentir, evadir para no vivir. El otro extremo: actuar compulsivo de solo hacer produce una emocionalidad caprichosa que se expresa con frustración constante en sociedades de la inmediatez.

Posiblemente nos educaron en el mundo al revés, es decir; primero al hacer y al final el ser. Sin embargo, reconozco que encuentro un poder sublime que deriva de esa aparente imperfección, porque irónicamente resulta un perfecto método para encontrarte. Algunas veces, a corto, mediano o largo plazo. No hay edad para conectar con el deseo de la búsqueda, al final de la vida nos damos cuenta de que ninguna semilla, aunque sea de la misma especie, plantada en el mismo instante, será un fruto igual en calidad y cantidad, será un fruto único incluso siendo parte de la misma especie.

En mis años de Preparatoria hasta la Universidad, constantemente me preguntaba, ¿estaré destinado a convertirme en fracaso si no elijo la carrera de leyes o trabajo para un ambiente corporativo de corbata y finos trajes?

---

lo tanto existe. De alguna forma ambos factores componen delimitaciones de la existencia y el ser.

Para ese entonces, aquella realidad figuraba como el único destino seguro que mi mente había adoptado para ser alguien "reconocido". Realmente no me daba cuenta de que solo buscaba encontrar una carrera que diera satisfacción a mis padres, me hiciera lucir como alguien de provecho en sociedad para no ser excluido por ella, y por supuesto, era alguien destinado a perdurar a la lealtad de mi clan familiar, todo, a costa de ser desleal con la autenticidad. Con esto digo: que no se trata de buscar los culpables en los padres, la pareja, Dios, o el Gobierno, pues es una manía que se nos da en forma brillante de culpar en el exterior aquello que no queremos buscar en nosotros. Para caminar y disfrutar del camino, es indispensable conocer la idiosincrasia de tu Clan

LA FAMILIA

> *"...Debemos conocer nuestra historia para cambiarla, pues la familia es nuestra esencia Filogenética, es la herencia de comportamientos y potenciales sujetos a desarrollarse a edad temprana con aprendizajes del lenguaje verbal y no verbal del*

entorno que moldearán gran parte

de nuestra realidad...

Toda Realidad puede ser reescrita

para no ser repetida.

LOS JUICIOS CÓSMICOS O EVOLUTIVOS.

Todos atravesamos alguno de estos juicios que representan etapas evolutivas o existenciales que podemos comprender cuando nos preguntamos sobre las cosas que queremos hacer y a veces nos dicen que no podemos.

Los Juicios Evolutivos son una guía Terapéutica que utilizo para acercarme a los niveles de consciencia de las personas cuando buscan sanar un trauma o conflicto. Sin lugar a duda, todos hemos atravesado los juicios de forma simbólica o real. Estos juicios tienen origen en diferentes estructuras de pensamiento.

Primeramente, abocare a las perspectivas o Paradigmas de pensamiento que crean una estructura para la vida social, y que son de importancia en la relación con el otro.

La influencia de estas estructuras, están introyectadas en nuestra psique de forma consciente o inconsciente, cobran vida en nuestras opiniones cotidianas y no siempre están ligadas a una vocación o profesión

Lo que se pretende explicar con estos rasgos estructurales, es que de alguna forma poseemos un perfil pulsional de Ser parte de la actividad de un todo. El tener un abogado introyectado, por ejemplo, cuando se busca hacer justicia en un acto considerado injusto.

Por ejemplo; Un contingente que marcha por un crimen impune, o, el sentarnos una tarde con un amigo a escucharle sobre su pesar al terminar una relación amorosa, nos coloca en un Terapeuta y no porque vayamos a hablar de una cura, sino porque tal vez, su alivio podría ser momentáneo y necesario.

Estos Sistemas de pensamiento, fueron y son de gran influencia a mi vida para comprender una evolución humana que comparto en terapias.

A continuación, presento estos sistemas de pensamiento que influyeron y que, algunos, no siempre todos tienen gran influencia en todas las personas.

DERECHO

Las creencias, son cláusulas contractuales que desarrollamos en la Educación y con nuestra familia, pues componen la idiosincrasia de una época en la que inconscientemente aceptamos como premisas inobjetables por un lenguaje del amor a nivel consciente o inconsciente.

Sin embargo, como en el derecho, hay diversos tipos de cláusulas; naturales, esenciales y accidentales; depende de cada Sistema sobre qué cláusulas pueden modificarse, y eso, es lo que conocemos como programaciones mentales.

Ejemplo:

Elegir pareja en función de lo que a tus padres les haría feliz.

PSICOANÁLISIS

La única, o al menos la primer Terapia que puso las bases para trabajar con el inconsciente, más allá de las criticas hechas., las aportaciones del Inconsciente Estructurado como un Lenguaje de Lacan, conllevan la enorme capacidad de decodificar la escucha con el hacer del paciente. Creemos ser hablantes, y somos muchas veces hablados por el lenguaje, un saber Otro que esconde discursos.

Ejemplo:

El uso de chistes, "memes" para expresar aquello que no ha podido ser puesto en palabras.

Un sueño: la gente que "mea" en el sueño y cuando despierta, moja la cama, expresa una necesidad básica vivida en dos mundos (el imaginario-real)

FILOSOFÍA

La capacidad de formular preguntas profundas que nos lleven a vincular nuestro ser con el hacer, o crear nuevas formas de concebir la vida

Ejemplo:

Crear Teorías en potencia: Alguna vez quienes crearon los aviones tuvieron en mente la pregunta y las respuestas probables de las teorías necesarias para que el Humano pudiera volar.

Seguro fueron vistos como locos.

BIOLOGÍA

Es el código evolutivo y nuestra tecnología más importante para la evolución y camino en este planeta, nos deja una huella para nuestra vivencia psico-emocional y espiritual. La biología es nuestra tecnología regente y de ninguna forma un Constructo Social como dicen las narrativas Ideológicas Actuales.

Ejemplo.

La biología en esta existencia humana, siempre nos dejará su rastro en todo contexto. Nunca podremos cambiar el origen biológico de quién somos.

¿Acaso puedes cambiar al vientre de donde vienes, o la semilla?

ARTE

Base creativa para aprender a sublimar las experiencias del alma, son actos inspirados para transformar paradigmas.

Ejemplo:

Una madre que arrulla a su nene mientras le canta o baila con música – es una forma de inspiración que impacta al lenguaje de otro continente – es un mensaje que despierta algo en otro.

TAROT

Método de arquetipos que representan nociones y asociaciones de las personas sobre aspectos de la vida, ayuda a proyectar lo que a veces no decimos por medio de imágenes (símbolos).

Ejemplo

Aunque no parezca una actividad cotidiana, este va relacionado con la capacidad de metaforizar y simbolizar cosas.

En nuestra mente hay palabras, fonemas y expresiones propias de un idioma y de un lenguaje aceptado por ciertos contingentes que significan algo para manifestar.

A veces los amantes se regalan flores para decir con un objeto un "Te amo".

Una vez creadas estas formas de pensamiento y convivencia relacional con la realidad en cada subjetividad, surgen nuestras percepciones y la descarga. Es decir: el cómo vemos al mundo.

Podemos hablar entonces de los juicios evolutivos que vienen a expresar formas simples de acercarme a expresar la consciencia del Ser.

JUICIOS EVOLUTIVOS

1. Primer Juicio: Herencia codificada a nivel celular y orgánico, ADN (La historia del árbol genealógico). Nuestro desarrollo embrionario-fetal, la forma de nuestro nacimiento y los sucesos previos que generan un potencial orgánico, psíquico, espiritual para ser activado en la educación. Este proceso es el Juicio en Potencia o Ser en potencia.

2. Segundo Juicio: Infancia, el desarrollo del lenguaje, del inconsciente, el Edipo [19] ,gestación de la estructura psíquica y sexual, determinará su concepción básica de supervivencia y la realidad. Desarrollo biológico, información originaria de nuestros padres, el vínculo afectivo, los primeros pasos y la estructura primaria. Esta etapa es la del Receptor.

---

[19] Ver Sigmund Freud Edipo

3. Tercer Juicio: Nuestra salida al mundo, emancipación parcial a papá y mamá. La forma que, de acuerdo con los juicios anteriores, hemos creado a la vida, y a Dios a partir de cómo percibo al mundo. Cobra vida el principio de nuestra imagen y semejanza. Creación de la realidad por medio de la formación psíquica del Inconsciente, el desarrollo del carácter y temperamento. La simbología biológica de la salida de la niñez, inicio de adolescencia para encaminarse al joven adulto, experimentación y deseo. En esta etapa, surge el Rebelde.

4. Cuarto Juicio: Búsqueda de respuestas existenciales, y vía de crisis para intentar hacer consciente lo inconsciente. Nos damos cuenta de que hemos juzgado al mundo por lo que aprendió el inconsciente del primer al tercer juicio, vemos al exterior falsas deidades (Comportamientos, personas, ideas, autoridad, amor, sexo etc.). Rebeldía y cuestionamiento a nuestros valores, educación y deseos. Este proceso es el del Buscador.

5. Quinto Juicio: Proceso de Sanación y Crisis de la Sanación: darnos cuenta de que ya no hay afuera culpables, sino que el Yo es el generador desde el interior, y que la proyección es un aprendizaje de lo que me negaba a mirar, principio de independencia emocional para plantear la

independencia material. Eres el Joven-Adulto Interdependiente, eres un Aprendiz o Iniciado.

6. Sexto Juicio: Momento de usar la dualidad para aplicar el perdón y el auto perdón (Integración del Clan), se asimila el duelo de la Responsabilidad para encaminarse a la consciencia de Unidad, Auto de libertad divina y consciente. Esta etapa eres el Adulto.

7. Séptimo Juicio: ¿quién soy yo y cuál es mi camino?, una vez que experimentaste, te rebelaste, buscaste, emprendiste y te integraste, surge el planteamiento de cómo dar mi servicio al mundo, surge la consciencia de Emprendedor.

8. Octavo Juicio: Saber dar, y saber recibir aquello que he aprendido (Lo que yo me doy, es lo que yo entrego a los otros) una vez que tomaste riendas del camino e integraste la dualidad, vas conociendo mejor tu interior, por ende, tu entorno, entonces llegas a la etapa de Maduración o Consolidación, todo camino emprendido llega al Infinito, entonces surges como El Maestro para crear nuevas semillas.

9. Noveno Juicio: ¿Qué es la vida y el buen morir? El llamado ocaso o enfermedad, también nos sumerge en la experiencia de la vida recorrida, comenzamos a despedirnos, a soltar y a preguntarnos sobre cosas más allá de lo comprensible, hay calma y prudencia; entonces surge la etapa donde nace el Sabio.

10. Décimo Juicio: Ausencia de Juicio, terminación del aprendizaje (Muerte y Trascendencia), tu legado en la existencia. La paradoja de que jamás hubo nada algo que juzgar. Ascenso o descenso, ya estás listo para lo nuevo, y entonces eres el Iluminado.

Elegir el camino de vida implica despojarse de la anestesia de los sentidos, cuando tus condicionamientos son tan fuertes y tus deseos no coinciden con lo que te dijeron tus padres o la sociedad, asumimos un acto heroico de amor propio. Desarrollamos el verdadero nacimiento; el de las ideas propias, las experiencias, la gestación de nuestras verdades y encaminarnos a una vivencia que nos conducirá a plantearnos no solo saber; ¿Quién soy?, sino responder dos preguntas del hacer que son contestadas cuando respondo la primera pregunta citada.

RECETA PARA EL ALMA

¿Qué Haces con aquello que Haces?

¿Acaso lo sabes o crees creer que los sabes?

3 L'IMPERATRICE

La Vasija elige, y recibe. Es el arte Místico de la búsqueda activa del Espíritu para Encontrar su lugar en el Universo

LA MADRE ES LA VIDA

EN QUÉ MOMENTO HABLAMOS TANTO DE INDEPENDENCIA
MATERIAL Y DEJAMOS LA EMOCIONAL QUE VIENE DEL HOGAR,
AHÍ DONDE MANA LA VIDA

IIII. - VOCACIÓN Y PROFESIÓN

*<<No toda profesión es sinónimo
de vocación, es importante que
centres tu energía en vivir el
propósito de realizar tu misión de
vida>>*

Isaí Shanti

Centrar la energía en el propósito de realizar tu misión de vida, es un regalo que no solo satisface a la persona en su introyección constante del "Yo", sino una búsqueda que conlleva un efecto de resonancia y expansión que se asume también como un servicio a un Sistema que compone una Red de Consciencia.

Aquello que te inspira, es aquello que en algún espacio cognoscitivo ya latía, por tanto, resuena como un llamado al Ser y al Hacer. A veces, suele concluirse que los conceptos Vocación y Profesión podrían ser similares, al hacer una profunda reflexión, he concluido que estos conceptos no siempre van de la mano, dependen de cada gestación de creencias y la forma en las que el Ser las experimenta en su hacer constante.

Generalmente se ha destinado el proceso de Crianza y Educativo a una especie de método que nos dará una meta.

En estos tiempos, encontramos una línea profundamente marcada que está generando un controversial choque transgeneracional en una variedad de Paradigmas.

- Generación A; La dialéctica sobre la vida está enmarcada por la Obediencia y la Disciplina. Los sueños son casi imposibles de lograr.

- Generación B; La obediencia suele ser mas flexible, y la orientación a la consecución de los sueños está orientada a un Sacrificio.

- Generación C; Rompimiento del Paradigma A y B, donde surge el poder la pregunta: ¿Por qué tendría que ser así?

- Generación D; Los accesos de Información y Datos, están al alcance de la mano. Se ve encarnado un principio de inmediatez y también sugestión temprana de la búsqueda de encontrar el camino.

Cada Generación lleva un aprendizaje importante que impacta a un conjunto de elementos que ponen diversas generaciones en choque y nutrición. Por un lado, el factor tiempo/ esfuerzo es una discusión constante que trastoca y pone en contraste diversas verdades sobre materializar nuestros deseos.

En esta dicotomía nos empapamos de temas que son un debate constante como el Amor, el Feminismo, la Política, los Líderes y la Economía e Independencia.

A continuación, respecto al tiempo, que es un tema de constante vivir en nuestras charlas, en nuestros sueños, y en nuestro quehacer diario, comprendí algo sobre la maduración de los procesos. Y, aunque los procesos del tiempo conllevan mucho mayor profundidad, para efectos de una introducción me parece prudente hacer estas comparativas y la siguiente PsicoFilosofíaPoética.

LAS ROSAS

Las Rosas y el Tiempo, (Metáfora inspirada en María, mi madre)

Un día comprenderás que aquellas cien rosas rojas fueron plantadas en un mismo espacio y tiempo… que los grandes mensajes de la vida son muy simples.

Todas las rosas siguen siendo rosas, la diferencia está en la paradoja de su similitud, porque ninguna es igual, no estaban destinadas a crecer igual, a vivir igual, o abrir sus pétalos igual…

Las Rosas siguen siendo rosas, unas viven más,

otras crecen más y aun así siguen siendo rosas...

Lo mismo nos pasa a los seres humanos, con cada

factor de tiempo y espacio que disponemos para

evolucionar, pulsamos en un mismo Todo sin

alterar el aprendizaje y el camino de los demás.

En la vida nada evoluciona igual, y con eso basta

para ser parte del Ser.[20]

No esperes a lo que funcionó a tus padres funcionará contigo, o la forma que alguien interpreta los mensajes de este libro, serán iguales para ti, al final miramos por lo que llevamos dentro.

Hay quienes en la profesión cumplen su propósito (Vocación), otros, pasan por una profesión para encontrar su verdadera vocación. Nadie debe tener el mismo título, carrera o aspiración para poder brillar.

Una vez encontrada la vocación[21], el amor te encuentra por la sencilla razón que amas Ser en lo que haces, y ese impulso te dirige a cumplir tu misión. Estás inmerso en la eterna transformación interior y exterior a la consciencia de unidad. No

---

[20] Recuerdo que mientras llegamos a tomar un café, estaba una jardinera cerca. Era un atardecer de los meses de junio-agosto, tal vez tenía 22 años y estaba sanando mi corazón.

[21] Ama lo que haces y lo que haces te amará cien veces más. Enric Corbera

todos deben ser Abogados o Médicos, no todos deben ser Filósofos o Terapeutas. Hay quienes fueron jardineros sin saber que eran guardianes de la estética de un ecosistema, otros, fueron Políticos sin saber que tenían que despertar consciencias con su honestidad o desparpajo.

Para encontrar tu misión, encuentra lo que amas Ser lo que eres y no lo que te dijeron que debías ser. Se paciente pero no aletargado, se rápido, pero no insensato, busca diariamente el equilibrio como lo hace la naturaleza del cuerpo; este duerme cuando tiene sueño, come cuando tiene hambre, desecha cuando ya procesa.

¡¡¡Esa manía de llegar apresuradamente a la meta, nos está matando sin habernos dado cuenta que estábamos vivos!!!

Saber cuándo ir lento o cuando ir rápido, saber manejar la polaridad entre lo superficial y lo profundo. Saber cambiar el ritmo sin alterar una sinergia evolutiva que debe aprender todo ser humano cuando navega por una experiencia.

La experiencia se percibe como una melodía armónica de colocarse en el lugar del otro para que encuentre las herramientas dentro de sí para sanar. Sanarnos diariamente es un arte y una gran responsabilidad.

¿Cuántos maestros, padres de familia, políticos, sanadores, científicos o figuras de un campo de conocimiento en especial te dicen cómo, cuándo y a qué hora debes seguir sus consejos? – *No digo que sea malo, por algo cada uno encuentra su campo, pero también, cada campo es una guía para encontrar el propio* –.

La sanación y el desarrollo consiste en mostrar los aspectos proyectados del interior para que cada consultante o persona encuentre su respuesta en el tiempo que esté listo para formular la pregunta correcta.

RECETA PARA EL ALMA

¿Tu profesión es tu vocación?

En el universo, hay más de un mundo, ¿por

qué no habrías de encontrar el tuyo?

4   L'EMPEREUR

Encuentro entre el Espíritu y la Materia.

Busca tu lugar en el Mundo.

EL PADRE ES LA FUERZA

LA FUERZA SIN SUTILIDAD SOLO ES BRUTA

– ¿HACIA DÓNDE VAS? –

V.- MISIÓN DE VIDA

<<Ama lo que haces y lo que haces te amará cien veces más>>

Enric Corbera

¿Cuál es la diferencia entre misión y propósito?

Misión consiste en uno o varios objetivos que cumples con las herramientas que te impulsaron para afrontar experiencias a lo largo de tu vida. Podríamos decir que, dentro de una Magna Misión, caminamos por otras tantas que componen la totalidad de la Magna

Un Propósito, es la herramienta, o el impulso del alma en un cuerpo para experimentar el camino para cumplir la misión, como se mencionaba en el Iluminado, es la inspiración de una Consciencia en manifestación latente de materializar un deseo profundo

La Vocación no siempre es sinónimo de profesión, pero ambas son parte de tu misión. Parece contradictorio, pero incluso el haberte *<< "equivocado" de profesión es una parte de la misión>>*.

Cumplimos a lo largo de la vida misiones que dejan una huella, y algunas más marcadas que otras, y siempre con efecto de resonancia en campos de estructuras sociales, institucionales, afectivas, biológicas y espirituales. No podemos negar que siempre estamos ligados a algo, sea por cantidad, sea por cualidad.

Hay gente que no dice no creer en algo, por ejemplo, la religión, se torna como una forma de escisión muy marcada donde por un extremo trae consigo Fanáticos, y mientras en el otro, trae consigo Ateos. La pregunta central de esta problematización sería ¿Y qué tiene ambos lados en común? – Ambos están sujetos – Res-Ligados a un concepto, de Dios, a la ausencia de Dios, a un Ideal, o a la creencia de concepción emancipatoria e independiente. Siempre tenemos algo a lo que estamos conectados, eso nos convierte de alguna forma en religiosos, aunque sea de estar ensimismados.

¿Hay realmente un destino que nos tiene algo preparado, o alguna capacidad activa que solo depende de uno que nos permita poder acceder a diferentes vías sin que exista una línea demarcada?

Son aparentes posturas de choque, pero podrían tal vez encajar siendo un poco de ambas.

Considero que el Sistema Vital contiene un Equilibrio que converge y se desarrolla por muy encima de la comprensión de la conciencia, y que tiene ciertas directrices o potenciales que pueden tender a patrones – Es decir, como si estuviera ya escrito el camino –   Aunque se tire el potencial de una consciencia residente de un universo, la gran Mente Universal posee leyes perfectas para reestablecer los órdenes en perfectos *"caos"* como mecanismos de regeneración. Entonces, es probable que tengamos trazado en potencialidades algunas especies de camino, pero al mismo tiempo, el humano posee una capacidad de creación para ser libre dentro de esa sistemática. Para la interpretación de cada consciencia puede sonar cruel, y para otros un disparate.

Tal vez ante la certeza de saber que vamos a morir en un sentido humano, la misión de vida y los choques entre emancipación y destino contengan una divergencia y confluencia. Es una demanda no respondida por el hacedor universal.

El Alma despierta lleva un mensaje desde el amor, y la no despierta desde el odio y la indiferencia; la primera es sutil y la segunda densa y ruidosa. Un alma despierta es la consciencia y una dormida es el ego, y ambos lugares ocupaos una parte necesaria para equilibrar nuestra propia misión.

Ser consciente de los dones que vamos a sembrar al mundo es un regalo que nos damos a nosotros cuando impactan evolutivamente en el otro. Cuando se usan con el Alma dormida, el resultado arroja eventos que conocemos como genocidios y odio.

Personajes como *Hitler o Milton Friedman*, han sido mentes astutas e inteligentes que olvidaron la sabiduría por el afán de cumplir una misión atizada en capricho, dejando polarización, muerte y destrucción. Sin embargo, podría ser que, en la crueldad de su elección, a contrario sensu, surgen movimientos y contingentes como representantes de fuerzas y leyes para regresar al balance.

Un líder que cree estar haciendo su misión solo por poder y gratificación, se aleja del amor y encamina a sus seguidores a la autodestrucción, hay ejemplos claros en la música, la política y el deporte.

Si pones atención a los Influenciadores de opinión contemporáneos, que van desde Oradores, Motivadores, Actores, Políticos, Deportistas y Blogueros, pueden ser en algunos casos, solo una producción y construcción narcisista de imagen, pero ausentes de auténtico contenido.

Se les promueven banderas ideológicas con narrativas perfectamente constituidas e instituidas en medios y redes sin saber que estas personas son sujetos de discursos que creen hablar, sin saber que son la mayor parte del tiempo hablados por el lenguaje. Su repercusión dialéctica en las jóvenes generaciones son una sencilla y divertida forma de adoctrinar sin el uso de la fuerza como lo era en Movimiento como el Comunismo o el Fascismo.

Hoy, cobra tanta importancia saber recopilar qué tipo de información realmente necesitamos para alimentar y construir la sabiduría en nuestra mente, emoción y cuerpo. Estamos en tiempos que el planeta nos exige un cambio de situación, pide a gritos sanación y evolución. Ello, implica crear un nuevo paradigma y no hacer del concepto de la deconstrucción, una simple moda narrativa

El líder

> *Un líder atrae por su contenido no por su imagen Enseña con sus frutos y se deja enseñar por los que prometen dejar frutos.*

> *La calidad de líderes representa la identidad colectiva de una nación.*

> *Un Artista no consiste en ser "famoso" o "Influencer [22]", sino una consciencia que toca corazones y mentes para despertar amor en otras naciones. Hablamos del poder de aprender incluso de nuestros propios errores.*

---

[22] Palabra en inglés que hace alusión a un influenciador por la cantidad de audiencia a la cual llega

¿Qué rasgos de aquellas Ideologías o Líderes que admiramos nos representan a nosotros?

5   LE PAPE

El destino estará encaminado por un Patrón. Cada nivel de consciencia compone una red, y solo el virtuoso de alma aprenderá a tejer y cambiar la realidad cambiando el Patrón.

RES/LIGARE

ES IMPOSIBLE NO TENER UNA META U OBJETO DE
DESTINO, NOS CARACTERIZAMOS POR SER DESEANTES.
SIEMPRE SE ESTÁ LIGADO A ALGO.

<<Ni el Amor es un peligro[23] y ni todo sueño es imposible, se trata de cuidar y sembrar bien con el tiempo que se nos da. De nuestra esencia creativa emana lo imposible y lo destructivo, emana lo infinito y lo amoroso. Eres artista de tu vida, tú eliges >>

Isaí Shanti

Las personas, en su mayoría, conciben a las figuras públicas, actores o celebridades como *Artistas*, ya sea por la imagen u otros factores que la sociedad acepta como si fueran verdades, pero primero sería necesario retornar al concepto de *ARTE*.

Comencemos primeramente por mencionar a la creatividad. Ese potencial que posee todo ser humano desde su concepción, y que lo define como a un artista, es cuando hace de la creación una siembra desde el alma para impactar a otra. El Artista se sirve de

---

[23] Cambié la palabra "Tóxico", ya que, para fines concretos, el amor ni es un químico y tampoco la palabra tóxico debe ser usado como insano. Me parece una narrativa muy gastada, e incluso innecesaria. Trato actualmente de usarla lo menos en cuanto a la seriedad de la clínica, pero es útil para contextualizar ciertas experiencias.

la Consciencia para sus mayores obras, de alguna forma, estas logran servir al prójimo.

No todo aquél que dice ser Artista lo es, no siempre la etiqueta describe lo Real, y mucho menos la calidad de un contenido.

Mientras la etiqueta es lo que miran de ti, el contenido es lo que la energía percibe como una verdad en ti, cuando no están en sintonía, son engañosos, tramposos y avariciosos. Cuando se busca la constancia de alinearlos, se obtiene la maestría de la prudencia y la empatía para aplicar la maestría del Amor.

El Arte, es la Habilidad o destreza Natural para hacer algo único o explicado de otras formas. Todos somos algo único, y encarnar en un cuerpo, es un examen temporal para manifestar esa creación, por eso la evolución como el amor son un viaje de ida y vuelta.

En este examen temporal de la vida, venimos a reencontrarnos con la paradoja de lo que somos cuando siempre lo hemos sido. El Ser Humano se convierte en el Artista de su vida cuando conecta con su misión a través de las habilidades constantes de la Iluminación aplicada en su propósito.

Hay Artistas en la profesión, en la vocación, y simplemente en cualquier rincón, por ejemplo ;un Doctor cuando cura contra todo pronóstico, usa el Arte de ser perito en su área de especialización y le permite a veces hacer algo no previsto para crear una solución, pues utiliza más allá de lo que estaba previsto en el procedimiento; lo mismo pasa con un Filósofo, va más allá de una respuesta concreta dejando la posibilidad de tener la pregunta siempre abierta, o un científico conectado con la inspiración, solo le bastó un segundo para lograr amalgamar la pieza que le faltaba para desarrollar una nueva teoría para la humanidad. Un abogado cuando busca una sana solución en un asunto que parecía no tener amigable solución, a veces usa la psicología para resolver la raíz del conflicto que se sitúa en la emoción...

¿Qué tipo de Artista Soy?

Durante años la gente me preguntó el significado de Biodanza[24], algunos se burlaron y otros confiaron. En algún momento me gustó cantar y la actuación, pero al no desarrollar la habilidad, logré sublimar mi expresión del Ser, proponiendo una metáfora de cantar a través del lenguaje del cuerpo para contar historias cotidianas de mi vida, del otro, y transmitir la filosofía del amor para que la gente pueda sanar.

---

[24] "... Biodanza es la comunicación consciente de energías que interactúan más allá de la percepción de los sentidos, es la relación de la fraternidad y el amor que nos lleva al camino de la transmutación y que hace vibrar a cada uno con el infinito ..."

Misión del Artista

Cuando paradójicamente ya no caminamos, solo andamos. Caminar y andar, aunque parezca similar, puede que no sean igual.

Cuando se deja de ser Artista nos olvidamos del camino, ansiosos por el objetivo, dejamos de mirarnos pensando que es el prójimo al que llamamos enemigo.

Cuando creímos que es mejor estar armados cuidándonos de la vida que dejó de ser vida, la nombramos genocidio.

Disociamos la derecha de la izquierda, el sexo del amor, la política del abrazo, la opinión con la adicción a tener a fuerza la razón.

Eres un artista para unir no para dividir, eres un artista para ser único, no para competir a muerte con el prójimo.

Eres artista para perdonarte a ti cuando te olvidaste de ti...

Eres un artista para recordarte que vienes a corregir, a vivir, y acordarte de ti cuando eres una energía que viene del amor simplemente a vivir para aprender a servir.

Hay algo en ti que has hecho y que es producto de un impulso llamado inspiración.

A veces, por el simple miedo a lo que se cree que es bueno o malo, importante o no importante, esas creaciones propias, se convierten en represiones que ocultan mensajes necesarios para que otros como tú los reciban.

¿De qué privas al mundo al no mostrar tus dones?

6   L'AMOUREUX

*La experiencia es el acceso y la respuesta.
Una sabia decisión depende de la
proyección de las preguntas que
previamente se plantea el SER.*

LA DECISIÓN

TAL VEZ, TODOS PASAMOS POR MOMENTOS DE CONFUSIÓN, PERO QUÉ SERÍA DE NOSOTROS SI NO NOS ATREVMOS A HACER ALGO IMPENSADO PARA NO COMETER EL MISMO ERROR...

> *<<El Universo no conspira a favor ni en contra de nadie. Eres lo que crees que el Universo Es. Eres lo que crees que eres por dentro y no por lo que crees que hay afuera>>*
>
> *Isaí Shanti*

El OTRO NO EXISTE, AUNQUE EXISTA...

Tienes el derecho a creer y el Derecho a creer en la forma que mejor consideras convenga. Durante el transcurso de nuestra experiencia tenemos un tiempo, el cual desconozco si es definido o parte de un destino, un tema que surge de nueva cuenta de acuerdo con nuestra Misión.

Antes de entrar al símbolo, ¿qué podríamos descubrir de la ficción del tiempo?

El tiempo solo es una construcción de medidas unitarias para crear nuestra realidad conforme a las necesidades funcionales de un Sistema, no solo de un espacio, sino a nivel mundial, lo vemos en la cotización en bolsa, en los vuelos, en la adaptación de zonas horarias de acuerdo con la naturaleza astronómica de sucesos.

Para comprender, adaptar y movernos en un Sistema que siempre depende de tiempos (*Un trabajo, una cita, un pasatiempo etc.*) nuestros sentidos perciben las experiencias a través de símbolos que han existido, en este caso, números, calendarios, relojes, objetos o personas.

Para nuestra experiencia, creemos que el tiempo se percibe como si fuera lineal y con destino a algún lugar, y es normal, siempre nos han educado en una especie de línea recta ante las preocupaciones de no desviarnos del camino. Sin embargo, no siempre se tiene claro el camino y ni el tiempo mismo. ¿Cuántas veces llega la cena de año nuevo y la gente se pregunta sobre lo que hizo o no hizo? - Es común la expresión que se pasó el año rapidísimo, recurre al rito, al símbolo; las uvas, la copa de sidra, el televisor o reloj que anuncia la cuenta regresiva, la visión imaginaria del número de año que cambiará como estímulo de crear una nueva oportunidad...

El *"tiempo"* es una espiral que va de arriba hacia abajo como la repetición cíclica de una rueda. Sin embargo, hasta el infinito es más parecido a una onda o remolino que a una línea recta.

La forma de explicarnos y entender nuestro mundo y el cosmos sigue siendo objeto de estudio. Regimos nuestro tiempo por sistemas calendarizados que muy pocas veces hemos cuestionado si en verdad son correctos. De tener alguna incorrección, esta imperfección si es que se le podría llamar, contiene una perfecta razón hasta para la percepción y el estudio del trauma en la Psicobiología, pues es mediante las vivencias del inconsciente, las fechas de algún evento calendarizado que se viven como la repetición de eventos y conflictos repetidos.

EL SÍMBOLO

Conocido como arquetipo o metáfora, ha sido un puente de comunicación con la Fe y el Entendimiento. En muchas ocasiones, le damos valor a lo externo para materializar algo. Es normal darle vida a los símbolos cuando vivimos en un mundo material, y aparentemente dual.

Por medio de los símbolos somos capaces de llegar a la interpretación y a la creación de nuestra realidad, entonces es probable que todos los niveles de pensamiento les apliquen esta verdad; si analizamos la simpleza del verbo, tiene un rol de expresión simbólica y este se expresa como objeto animado o inanimado, es un puente a un destino, es la manifestación del inconsciente. El Sujeto otorga un poder y creencia que es donde podríamos concluir que con el verbo comenzamos a estructurar los sistemas de creencias conscientes e inconscientes.

El símbolo es como el refrán, se transmite de generación en generación con un mensaje, y sería bueno plantearnos el significado que le damos a los símbolos dependiendo de nuestros niveles o formas de pensamientos, por ejemplo:

- Ciencia: Postula que hay energía o materia, deposita la creencia y estudios en principios demostrables derivados de la investigación, su símbolo podría radicar en las fórmulas o métodos para refutar o probar su planteamiento. El Matema, la Fórmula o una Medición.

- Religión: Hay diversas religiones, sin embargo, en la gran mayoría, aunque sean monoteístas o politeístas, existe al menos un Dios Principal externo al todo, con cualidades de omnipotentes. Algunas religiones depositan el poder del símbolo en Santos, objetos y personas como párrocos, pastores o rabinos por decir algunos. Creen en la existencia de Dios a través de los textos, la oración o el arquetipo de la Cruz.

- Esoterismo y Espiritualidad: Su creencia está basada en el Universo y que Dios es parte interna del Ser Humano, y este posee dones para crear milagros, aquí, el símbolo está en el decreto, el cuerpo y en los rituales, características similares en la religión. El uso de objetos como el tarot y las runas para adivinar el futuro son parte de la extensión de habilidades.

Directa o Indirectamente, estos sistemas de pensamiento se preguntan de la existencia de una energía, persona o Ser omnisciente por medio de actos, textos, principios y visiones diversas. Cualquier aspecto por más técnico, o cotidiano que nos planteamos alberga una pregunta no dicha sobre los misterios de la vida y las razones de los eventos de difícil explicación para nuestros sentidos.

La Ciencia habla de Materia, como la Espiritualidad de Energía, y la Religión de Dios.

Mientras la Religión habla de Fe, la Ciencia habla de Evidencia y la Espiritualidad del Milagro.

Si Espiritualidad habla de baja y alta vibración, la Ciencia habla del átomo y su

¿Será que hablamos del mismo lenguaje en diferentes concepciones estructurales de pensamiento? Inclusive en la misma religión existen pensamientos divergentes, por no decir también en la Física con el surgimiento de las teorías de realidad cuántica. La Ciencia está refutándose constantemente.

Me he planteado siempre ir integrando diferentes pensamientos para colocarme lo mejor posible en el zapato del otro, discrepar respetuosamente del otro, o defender mi realidad cuando hay otro que osa en imponerme la suya.

¿Hasta dónde llega el poder de una mente para crear su propia realidad?

En la energía que posee un cuerpo en su campo psíquico y de acuerdo con la creencia inconsciente que esta predominando más en su vida. Esta, es visible a través de la mirada del Otro que le regresa un mensaje. La situación es, la capacidad de poder descifrar el mensaje.

¿Por qué estos símbolos tienen certeza o alguna relación
con el tiempo?

Hablando de los Símbolos.

Comparto que, en mi experiencia previa, empecé hace unos años
atrás a leer las cartas.

De acuerdo con la Significación preexistente que se les asignan a
los arcanos, me hizo sentido el concepto de Freud que le motivó
a dejar la hipnosis *(hablo de sugestión),* pues creo que la imagen,
contiene un lenguaje en potencia que manifiesta una especie de
sugestión lingüística. Durante ese proceso, decidí promover una
libre asociación de lenguaje e imágenes al poner en primer plano
la demanda (*el poder de la pregunta Focaultiana*) ¿Desde donde
habla usted? Y otras preguntas que implementé al método,

¿por qué estás a aquí?

¿Quién eres tú?

¿Qué cartas, personas o situaciones componen esa historia?

¿Qué significado tiene?

En un momento, esta experiencia me llevó a meterme a la clínica
psicoanalítica y la psicoterapia que es lo que hoy me dedico.

Durante un momento de búsqueda de respuestas decidí estudiar a fondo el Tarot. Cabe señalar que mi abuelo era un practicante de la lectura de cartas y las limpias, no me enteré hasta después que mi padre me obsequió la primera baraja y comencé a dar consultas con un método Filosófico y Terapéutico.

Cuando el secreto me fue revelado por una de mis tías, también me heredaron el tarot de mi abuelo. Para aquel entonces, me encontraba en el estudio de temas concernientes a la psicología y el interés por de la teoría de la relatividad del tiempo y el espacio, el desdoblamiento de las partículas y los agujeros negros[25].

Conocer acerca del aspecto científico me atrajo bastante para plantearme el funcionamiento de las teorías aplicadas a una lectura con método de adivinación del tarot: un objetivo para entender mejor el vínculo entre el símbolo, el deseo y el sujeto a la manifestación de posibilidades potenciales del tiempo.

Al igual que Alejandro Jodorowsky, el precursor contemporáneo del Tarot como método terapéutico. Menciona que este puede ser usado como herramienta de Terapia y no de adivinación propiamente, sino que guarda estrecha relación con arquetipos que son ideas y concepciones sobre vivencias

____

[25] Ver Jean Pierre Galet Mallet

cotidianas de la vida que guardan el reflejo de emociones y deseos en el transcurso del Tiempo.

Una Tirada de tarot es un símbolo que condiciona en mayor parte los deseos y miedos del un sujeto. El consultante, en su escepticismo o creencia, contiene una demanda intrínseca que si bien no tiene claro; una parte de sus sensaciones a nivel corporal expresan esa ansiedad, y resistencia a que una baraja dicte el destino.

¿POR QUÉ TIENE EFECTOS LA ADIVINACIÓN?

Considero que parte de tres tópicas:

1.- Neuronas Espejo.

2.- El inconsciente y la Salud Mental

3.-Física Cuántica y la Teoría del Desdoblamiento de las partículas.

NEURONAS ESPEJO

Si tenemos neuronas espejo o neuronas de la empatía que nos permiten acceder a estímulos que el otro siente o percibe para conocer algo sobre su estado de ánimo mediante la intuición, en una sesión, no podemos desestimar esa transferencia de información que busca encontrar, o tal vez no saber de un síntoma. Es decir, las cartas son un vehículo de significaciones preexistentes y atribuidas que pueden orientar información proyectiva a nivel subconsciente que va adquiriendo intercambio de información entre dos cuerpos y campos.

EL INCONSCIENTE

He observado que la mayor parte de las personas que recurren al método adivinatorio, tienen depresión o ansiedad. Pues el presente se torna muy complicado y como un gran sufrimiento. También, buscan obtener mensajes de vuelta para satisfacer el goce de sufrir un síntoma. El problema surge que las personas se vuelven objeto del propio objeto *(La baraja las vive)*, y la situación arrojada por el oráculo es un potencial que les reafirma la resistencia a renunciar a su síntoma, pues buscan escuchar lo que su inconsciente quiere y lo confunden con lo que su verdadero deseo quiere, no hay una consciencia plena. Por lo tanto, parecido a la obra de Freud de 1914, Recordar, repetir y elaborar, las personas llevan en actos aquello que no ha sabido articularse o no se ha renunciado: por lo tanto, cumplen su profecía, sin saber que hay una información no sabida que los vivió. Viven como una especie de maldición o misticismo que los persigue a repetir los mismos errores.

FÍSICA CUÁNTICA

Otra de las aportaciones al poder la adivinación podría darse en las teorías de Galet Mallet o Stephen Hawking sobre el tiempo, las partículas y los agujeros negros.

Se dice que el pensamiento tiene una gran velocidad que permite la generación de ondas o líneas de acuerdo con otros factores que en un vacío permiten ser desdoblados para entregar mensajes instantáneos de potenciales que pueden manifestarse en estados de sueño o menor vigilia. Si alguien quiere una explicación más sencilla, esto, puede verse en la película de "Doctor Strange o Avengers" que hablan un poco más de esta teoría.

Aunque de ninguna manera mis planteamientos son una verdad científica desde la implicación del paradigma. Si es importante filosofar sobre la vida para plantear teorías, como se menciona en los juicios evolutivos. La ciencia no tendría razón de ser sin el poder de filosofar.

REFLEXIONES

Usar el término pseudociencia como forma de desacreditar o desprestigiar pensamientos y posturas representa una forma de inquisición moderna cuando podría ser una materia pendiente de estudiar o corroborar.

No podemos esperar a que la Ciencia diga la Verdad de las cosas para que nos dicte el cómo vivir, como tampoco podemos creer en cualquier cosa para asumirla como real como si fuera la auténtica verdad.

Es importante crear balance.

RECETA PARA EL ALMA

Si quieres conocer tu futuro, conoce tu pasado,

analiza tu presente, y no preguntes a una baraja

tu destino. Una baraja se usa para proyectar

deseos y tus miedos.

Ni todo es ciencia, ni todo es religión, sigue

planteándote con certeza una pregunta.

¿Qué conflictos estás repitiendo?

Observa una baraja del tarot, de frente con los

22 arcanos mayores contémplalos y elige 3

arcanos que representen la respuesta a la

pregunta, usa tu intuición o para ayudarte sabrás

dónde buscarme.

7   LE CHARIOT

Cuando la Consciencia se Ilumina, encuentra su
propósito, y su más grandioso Triunfo es el
dominio Unitario entre los contrarios.

PROYECCIÓN

NECESITAMOS DE OTRO PARA ENTERNOS A NOS/OTROS, POR
ELLO, ES PROBABLE QUE JAMÁS HUBO OTRO, SINO UN
MENSAJE DE UN OTRO.

"...Lo que doy, me lo doy.
Lo que no doy, me lo quito.
Nada para mí que no sea
para los otros..."

Alejandro Jodorowsky

La justicia reside esencialmente entre dos puntos equidistantes, es decir; los extremos que componen la balanza como directrices de la búsqueda del equilibrio entre las polaridades.

La Justicia tiene definiciones y contradicciones donde no existe un concepto que guste a la mayoría, sin embargo, la metáfora que quiero expresar recae en su base o estructura sólida que sostiene sus extremos, pues sin la base no hay sostén de estructuras o posturas. El ser humano siempre centra sus pensamientos en los extremos de la balanza:

Derecha – Izquierda	*= Saber*
Capitalismo -Socialismo	*= Poder*
Pasión – Mentalismo	*= Deber*
Rico – Pobre	*= Tener*

Al dejarse llevar por la pasión de los conceptos y su adictiva identificación con ellos, se va perdiendo el Ser por creer defender un auténtico ideal. Esto, lo vemos a diario en la política, en el amor, la religión y hasta en la ciencia. El poco conocimiento sobre la interpretación funcional de los mecanismos del lenguaje inconsciente, crean prisiones ideológicas como si la vida corriera latente riesgo por no tener la razón cuando se formulan nuevos pensamientos o posturas.

La estadía aprensiva y apegada de negarse a salir de los extremos polariza los actos en fríos o pasionales, y es así cuando la amenaza se cree venir del exterior o del otro extremo, y no de una resistencia neurótica interior, el resultado como defensa es la Injusticia. Entre más rígida la estructura, más presión tendrá para vaticinar el más temido fracaso.

FELICIDAD Y JUSTICIA

La tan ansiada meta que se tocan en los libros, tutoriales, y otros medios como un método que se puede alcanzar, creo nos ha sumergido un poco en un velo ideal un tanto inservible para las múltiples realidades. Parece que la felicidad no le hace justicia a lo Real que es inalcanzable. Entonces, ¿cómo podríamos concebirla?

La Felicidad yace en la justicia, y no precisamente al inclinarte a un lado de la balanza en oposición al odio, sino al conocer ambos lados de cada enseñanza; tratar de regresar al punto medio entre la razón y la pasión. Entrama un concepto filosófico como la *Eudaimonia;* buscar que la felicidad sea un punto medio entre el desencanto y la euforia. La felicidad como bien dice Aristóteles es una Actividad que solo al final de tu vida podrás determinar si fuiste feliz o no, y es así como la Justicia y el Amor son una construcción en libertad, porque se es más libre en medida que se vive menos esclavo de pensamientos, ideologías o sensaciones. Amor, Justicia y Felicidad es una convicción constante, y representan un grado de consciencia para llevar equilibrio a los extremos. Los extremos nos enseñan a saber establecer límites*; por un lado, no permitir que algo exterior cause daño a tu interior, y por otro, lo que en congruencia no harás de daño al exterior.* Los límites de la libertad residen en una la ley universal: *"no hacer al prójimo aquello que no deseas que te hagan a ti"*

Ecuación de la justicia

L1 = Aquello que permito o no permito del otro o el exterior. (DAR)

L2= Aquello que el otro o el exterior permitirá o no permitirá de nosotros

(RECIBIR)

E=B: Equilibrio es igual a la balanza

La libertad se alcanza cuando la polaridad la conviertes en Unidad.

JUSTICIA DIVINA Y JUSTICIA DEL HOMBRE

Desde los Arquetipos, distinguir la justicia del hombre y la justicia divina, es una interpretación alcanzada mediante la observación empírica. Por un lado, encontramos El Arquetipo de La Justicia de Ojos vendados que vemos en Facultades y despachos, incluso tribunales, y por otro, la Justicia del Tarot, de ojos descubiertos

Mientras la justicia del hombre es ciega, los asuntos cotidianos son dirimidos por Instituciones o profesionistas con el conocimiento aplicado, por ejemplo:

El Psicólogo o el Médico conocen la verdad por medio de patologías o sintomatologías a través de la realidad del paciente, como el Juez o el Abogado conocen y dirimen la verdad por lo que concierne a la realidad de las partes donde cada una defiende su verdad.

El Médico y el Psicólogo no vieron las causas que originaron el conflicto de la salud del paciente ni el Juez o el Abogado presenciaron los hechos que agravian a las partes, por lo que cada verdad es una verdad dentro la Verdad, pero ninguna verdad ejemplifica la Verdad que solo Es.

Justicia Divina es la Verdad en lo que Es, y no la que se dice ser que solo habla de nuestra propia verdad.

En esta segunda Edición, considero que no hay receta para llegar a lo justo, pues lo más justo implica una experiencia propia de acuerdo con cada caso.

8   LA JUSTICE

La consciencia de Unidad, la luz y oscuridad no pueden ser dos abrazos, pero en su contrariedad pueden poner límites claros

RENUNCIA

A AQUELLO QUE QUIERES QUE PUEDE DAÑAR AL PRÓJIMO, Y A

AQUELLO QUE QUIERES QUE TAMBIÉN TE HARÁ DAÑO A TI

VIIII. - EL DERECHO

> *<<El más elevado paladín de la*
> *libertad es el cultor del Derecho y,*
> *donde este valor deja de existir, su*
> *función no solo es innecesaria sino*
> *peligrosa>>*
>
> *Ignacio Burgoa Orihuela*

Derecho es un Estado del Ser. Responde a una consciencia que otorga diferentes cualidades interpretativas a la realidad del Ser Humano como producto de un espacio y tiempo determinado.

La vivencia da paso a la existencia de cualidades, aptitudes y ejercicios que responden a la razón de ser del Humano para ejercer la interpretación sobre la vida, creando los derechos y su aplicación temporal en un sistema jurídico.

Derecho corresponde a una dualidad de atribuciones que buscan su propio sentido de equilibrio o justicia para conceder estadía armónica entre las relaciones con uno mismo, con el otro y con lo más importante, con la vida. Los Sistemas Jurídicos han perdido la capacidad de armonizar la ley en función a la vida y la han adaptado a la función Humana, el derecho se ha vuelto un capricho codicioso al servicio del Libre Mercado y la avaricia humana, cuando el uso del Derecho debería ser aplicado para la preservación, la transformación y el reciclaje de la vida con mecanismos de sano mercado y consumo donde el Ser Humano adapte sus necesidades los ecosistemas y no en viceversa.

¿QUÉ SON LAS CUALIDADES DUALES DEL DERECHO?

Todas aquellas características que componen la búsqueda de su punto medio de aplicación. Las cualidades duales del derecho son elementos que trabajan en tres niveles horizontales y verticales que he creado. Se ha creído que la atribución del derecho corresponde al terreno del deber ser, cuando realmente la concepción de preguntarnos sobre la existencia del derecho deviene de las vivencias, y las vivencias se perciben con la pulsión, la emoción y la razón, por lo que previo a definir el derecho, se trata de preguntarnos sobre la existencia de este mediante un proceso psico-biológico para intimar a profundidad sobre su razón y aplicación.

CUALIDADES DUALES SIMPLES DEL DERECHO

- *Dar – Recibir*
- *Hacer – No Hacer*

Estas cualidades son los elementos de la virtud en el Ser y el Hacer. En los niveles de la experiencia humana y sus relaciones (personales, interpersonales y sociales), el paradigma se trata de cómo aplicar estos principios en el equilibrio de la justicia o el punto medio.

La justicia o el punto medio de balance sobre aplicar límites o monitorear aquello que doy, recibo desde mí y para el otro, es un reflejo de nuestras relaciones, aplicando de la siguiente forma:

DERECHO Y LOS NIVELES DE CONSCIENCIA

Derecho es atribución, y toda atribución se concibe desde la experiencia creando una verdad, lo que no significa que esta lo sea para todos, por ejemplo; *el país x es el más peligroso del mundo*. La persona o el sujeto tiene una verdad definida por una realidad experimentada, lo que no significa la realidad del otro, entonces surgen los derechos de disentir. Esto pasa al cuerpo en su existencia; cada órgano percibe diferente la vida, entonces, antes de definir Derecho en Sistemas Jurídicos como algo externo, es menester analizar el derecho desde lo que vivo y la forma que siento aquello que vivo.

- PULSIÓN: Preguntarnos con el cuerpo qué sensaciones fisiológicas y orgánicas percibo respecto de un evento, qué parte del cuerpo tiene atribución a la experiencia que viví.

- EMOCIÓN: Cómo sentí que viví el suceso, qué percibo respecto a la situación y qué emociones me generan. Es atribuir la emoción conectada la experiencia.

- RAZÓN: Definir y Estructurar el aprendizaje de lo que viví y la forma que lo viví bajo las probables causas desde una lógica concatenada.

- SOCIAL: Son los eco factores que pueden influir en la forma que vivo la vida bajo los tres elementos anteriores (Educación, Familia, Sociedad).

Cada experiencia es un Derecho, y Derecho es el Ser, el Ser es Libertad a medida que uno va despojándose de las prisiones psíquicas, corporales y espirituales que limitan tu Derecho a Ser o *¿el ejercicio del derecho a…?*, lo cual es una virtud a la responsabilidad, el respeto y autocuidado de nuestro sistema estructural psíquico - corporal donde creamos las primeras normas de la vida, es decir; nuestras creencias y proyecciones de la realidad.

Un Legislador, Juez o Político que no conoce su Derecho (Su Ser) para construir consciencia en los Sistemas Materiales del mundo actual, solo tiene un diploma y un puesto, pero no ha comprendido nada del espíritu del verdadero del Derecho.

ABOGADO

"No hay mayor derecho que ser en lo que se es y

no lo que se pretende ser "

Abogacía es una de las carreras reparadoras del Árbol Genealógico, por lo general, representa una programación psíquica de vivencias de injusticia en la familia o el clan.

La Injusticia es una vivencia que se plasma en el inconsciente del sujeto, y cuando este elige su formación profesional, lo hace desde este (inconsciente), derivado de mandatos o contratos que son máximas en la idiosincrasia de la familia o el medio:

Algunas cláusulas de estos contratos familiares en carreras reparadoras son:

- *Estudia derecho porque jamás te vas a morir de hambre.*

- *Estudia derecho para hacerte de contactos y de poder.*

- *Estudia derecho para tener un abogado en la familia que nos defienda.*

- *Estudia Derecho porque en la familia todos somos abogados, sería una deshonra no seguir la tradición.*

La sociedad y la imposición del "DEBER SER" ha mostrado esa manía que profesión y vocación son sinónimos cuando son conceptos relativos; pues vocación no siempre es tu profesión y hay quienes en su profesión encuentran su vocación.

Por eso, algunos encuentran su vocación reparando en la profesión, mientras otros (mi caso) en la profesión hacen una reparación para encontrar el camino de su vocación y propósito de vida.

Al final, las elecciones son parte de un camino para acercar al ser a su propósito, hoy me toca ver y ejercer el Derecho como Terapeuta, en esa búsqueda de dar sentido a la gente mediante la Biodanza y la Filosofía, para que sanen duelos, injusticias emocionales, enfermedades y encuentren en la felicidad y el amor, una consciencia que se defina como una actividad de construcción diaria para vivir mejor.

Al final, todos ejercen su derecho y todos tenemos un abogado como metáfora del desarrollo huma

RECETA PARA EL ALMA

El derecho no es una condición solo de

Sistemas Jurídicos, es un nivel de

consciencia donde se crea, se protege y

transforma la vida.

El derecho es un ejercicio es responsable

como generador de la empatía.

El derecho encarnado en los actos habla

más sobre quién soy.

NOTA: Se presenta una Teoría Triuna de la toma de decisiones que en muchas ocasiones Carlos Chávez Macías me ayudó para orientar mi proceso.

1.- La Razón, La Pulsión y Emoción, son el parámetro de los tres cerebros y la integración de nuestros cuerpos psíquicos. Pues pensamos, sentimos y dirigimos el deseo a un exterior.

2.-Los Humanos tenemos tres tipos de relaciones o vínculos, como lo es lo social, interpersonal y personal.

3.- En cada rubro se presentan tres tipos de representación que hablan nuestra postura.

- DEBER SER: representa la función parental de la norma y el raciocinio que está ubicado en la mente lógico-formal.

-QUIERO SER: Es el Adulto que es un punto medio en busca de un sentido.

-PULSIÓN: Es una satisfacción inmediata, como a un niño, orientada al cuerpo.

	RAZÓN	EMOCIÓN	PULSIÓN
SOCIAL	Deber ser	Quiero ser	Me gusta ser
INTERPER.	Padre-Madre	Adulto	Niño
PERSONAL	Mente	Corazón	Cuerpo

9   L'HERMITE

La Introspección es la virtuosa capacidad de
preguntar junto a la responsabilidad de saber
navegar. La vida es un mar infinito de respuestas
relativas y de preguntas sin resolver, la
incertidumbre es el camino.

RECONOCIMIENTO

NO NECESITAS DE UN ESTADO QUE TE RECONOZCA PARA QUE EXISTAS.

X.- DUALIDAD Y UNIDAD

Se nos han mostrado realidades escindidas, aquellas que deben ser y no deben ser. Los extremos, han sido un antídoto factible, por ejemplo: para la *"Política; Divide y vencerás, para la Economía; en el tienes o no tienes, en la Religión; eres el bueno o el pecador, en la Ciencia, yo sé la verdad y tú no sabes nada"*, asumirnos en consciencia dual para no mirar en nosotros aquello que siempre señalamos en el otro...

Y la pregunta radica en saber, ¿qué es aquello que no queremos ver?

Vivir inconscientes de la dualidad es la causa de muchas percepciones limitantes que nos sumergen en el sufrimiento, cuando se lucha con el sufrimiento es porque se percibe a la vida en constante apego, alejando al Ser de la virtud de la responsabilidad.

Mientras el Ser se aleja gradualmente de la responsabilidad, se pierde de la oportunidad de sumergirse en la relatividad, creando rigidez y disociación mental, repercutiendo en la percepción emocional, corporal y espiritual. Distanciados de la totalidad, nos negamos a nosotros mismos de nuestro poder esencial, y negamos a los otros de recibirlo.

La Dualidad, significa mirar los sucesos de la vida como algo separado de nosotros, pero, juzgar a la Dualidad como sinónimo absoluto de lo inconsciente[26], entonces sería igualmente ilógico sin antes preguntarnos: ¿Qué puede venir a enseñarnos?

He clasificado dos formas de ver la Dualidad, aunque parezca dual. En cada ser, estará el punto de vista:

- Dualidad Consciente o Relatividad: Saber fluir entre las estructuras como búsqueda armónica de unidad entre los opuestos, no estancar el juicio para dividir sino para construir.

- Dualidad Ciega: La Cultura del dolor y la culpa; la reacción primitiva del comportamiento que produce rigidez y enfermedad es la negación asumida en un cuerpo que culpa a la vida de la condición interna del Ser.

---

[26] Consciencia y Conciencia; Acotación a diferentes esquemas de referencia, Consciencia, alude a la esencia o psiquismo (una energía). Mientras la Conciencia, es una referencia al juicio del bien y del mal.

La adicción a tener la razón es una trampa que encarcela al Ser en los vicios de las pasiones o las estructuras intelectualmente rígidas. Un mecanismo del lenguaje de nuestro inconsciente no trabajado garantiza consecuencias negativas a tu percepción del mundo. La gente es tan adicta a tener la razón que hay personas que pasan la vida quejándose del Gobierno, del Amor o de cualquier Opinión para no soltar a la razón, consecuentemente siguen buscando el mismo patrón y aferrándose a la misma persona o situación. Las personas hacen parte de su vida las Ideologías como una extensión de su cuerpo o mente, se vuelcan en posturas tan absurdamente "ISTAS", qué, irónicamente piden paz y respeto incitando al odio y la guerra, Es tan adictiva que te asista la razón que la negación a la sanación y la autoobservación ,lleva a repetir el mismo error como si se tratara de una maldición, al final, acabar ponderando la razón sobre la paz interior , conlleva a una satisfacción tóxica en frases como:

"¡¡Ves!!, ¡¡Te lo dije, yo tenía la razón!!"

El Ser calla y la Consciencia habla...

Ser espiritual no consiste en decir que vas a meditar, sino en meditar sin decir nada. Cuando más se es espíritu se es quietud y surge la Consciencia, y eso, es paz.

Ser espiritual es la esencia, saber ejercer el derecho en tu ser y de brindarte en justicia lo que en justicia das a otros.

Ser espiritual no es una apología, es la vida.

Ser espiritual es un estado que conocemos como autenticidad, y este vive en sintonía con la misión de vida.

Ser espiritual es trascender la idea de lo que otros creen lo que es espiritual. Recuerda, mientras más cerca de tus defectos, más cerca de tus aciertos, ser espiritual es dualidad transformada en unidad.

La riqueza espiritual reside en ser y hacer de tu camino de vida lo que tú eres y no lo que esperan que seas.

SISTEMA EVOLUTIVO DE LA EXISTENCIA

(El Retorno al Ser)

Unidad es igual al Todo por la suma de sus partes.

El Todo es una Matriz de energía que se sigue expandiendo y gestando múltiples Universos, la mayoría desconocidos, desprende átomos que se transforman en diferentes estructuras para crear Sistemas Universales de Vida. El Ser Humano es un fragmento espiritual que desciende a un nivel de consciencia como La Tierra, donde la estructura de vida para su experiencia es el cuerpo y la biología.

Al momento que el espíritu desciende y se fusiona al cuerpo, se crea el alma, el motor que enciende la vivencia biológica para percibir el mundo con los sentidos.

El nacimiento es un recordatorio para volver a la fuente, entonces cuando recordamos y cumplimos la misión, la maestra muerte enseña el camino de vuelta o ascenso a la Matriz.

La Matriz es la generadora ilimitada de retracción y expansión constante, genera flujo a otros sistemas de evolución y experiencia diferentes, similares o repetidos.

La vida y la muerte jamás están separadas, el Ser jamás está destinado a morir como lo cree el Ser Humano, así como la Vida es Todo, la muerte no puede ser nada, siendo que la nada no existe, entonces la muerte no existe porque es parte del Todo y el Todo no muere, solo se transforma.

Unidad es el Todo por la suma de sus Partes

1.- Espíritu es energía que desciende para fusionarse en un cuerpo.

2.- El Alma es la unión consumada del cuerpo y el espíritu, genera consciencia y una memoria de camino de vida.

3.-Regreso a la Fuente es la muerte o trascendencia, el regreso del cuerpo físico a la Tierra y el ascenso del espíritu a la fuente. Es la etapa del desprendimiento de la misión.

4.-Tranformación de la energía a una fuente originaria para crear una nueva energía[27].

---

[27] Referencia al esquema U=T*+P. Unidad es el Todo por la Suma de sus Partes

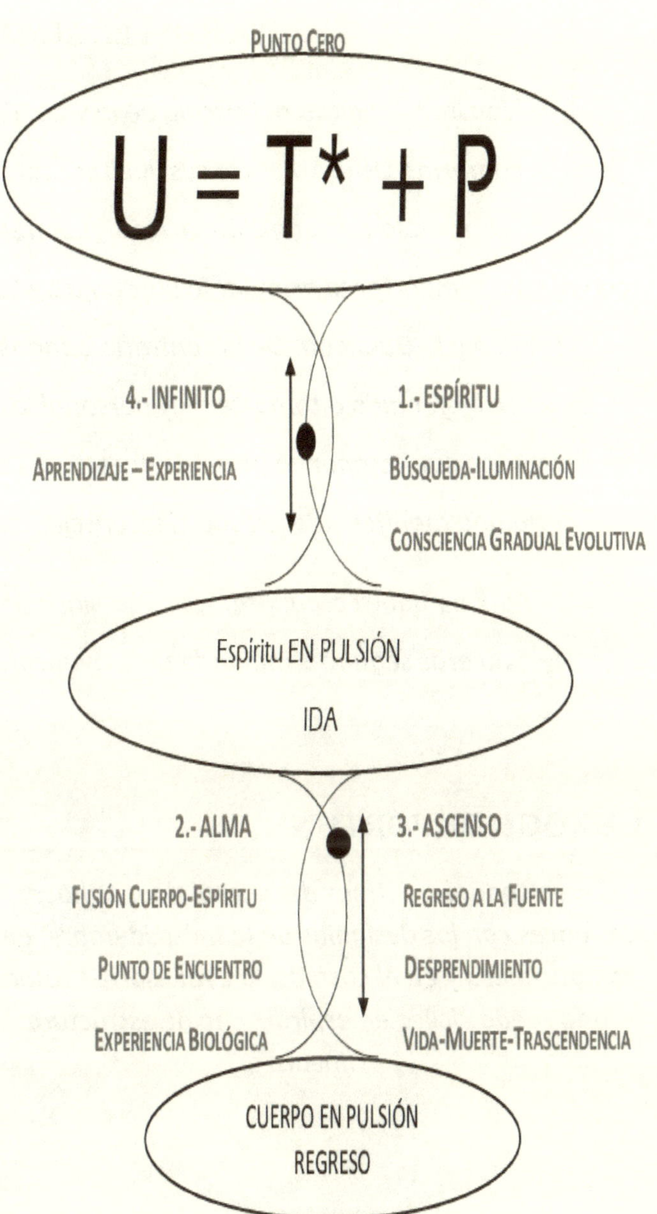
PUNTO CERO
U = T* + P
4.- INFINITO
APRENDIZAJE – EXPERIENCIA
1.- ESPÍRITU
BÚSQUEDA-ILUMINACIÓN
CONSCIENCIA GRADUAL EVOLUTIVA
Espíritu EN PULSIÓN
IDA
2.- ALMA
FUSIÓN CUERPO-ESPÍRITU
PUNTO DE ENCUENTRO
EXPERIENCIA BIOLÓGICA
3.- ASCENSO
REGRESO A LA FUENTE
DESPRENDIMIENTO
VIDA-MUERTE-TRASCENDENCIA
CUERPO EN PULSIÓN
REGRESO

Llegaste a la mitad del círculo de la vida. El círculo conforma UNIDAD entre sus vueltas, para entrar a la comprensión de los siguientes capítulos, es importante asimilar la paradoja de la Unidad y la Dualidad. De lo contrario podrías verte ofendido o tomarte muy personal los elementos que componen parte de nuestra vida cotidiana manifestadas desde el inconsciente.

Aquí no habrá pregunta, solo aquellas que quieras seguir formulando para avanzar.

10   LA ROUE DE FORTUNE

Comprender los Ritmos de la Dualidad, es hacer las paces con los designios de la Incertidumbre, en la naturaleza y en el cosmos, la evolución es como una rueda cíclica en espiral, y no de estructura lineal.

ESPEJO

ME REGRESA LA FALTA Y UN FANTASMA

> _<<Me gusta la gente capaz de criticarme constructivamente y de frente, a estos, les llamo mis amigos>>_
>
> _Mario Benedetti_

No es fácil ser leal o llevar una eutonía en las relaciones humanas cuando tenemos diferentes contratos en el inconsciente sobre el concepto de Realidad, y que lógicamente no son iguales para nuestras concepciones de amistad, el amor, o la lealtad.

Amistad es a Enemistad lo que en el colectivo polarmente asocia al amor y al odio. En un contexto de profundización empírica, el abordaje de los "valores subjetivos que componen un vínculo de amistad y enemistad, así como a las relaciones, son similares en cuanto a la polaridad de su rasgo".

Amistad es un vínculo que nos refleja un potencial o una carencia, las amistades se dicen que duran para siempre, pero la regla no es una absoluta. Las amistades son una relación de rasgos en común del inconsciente que están destinadas a mostrarnos una parte luminosa y obscura de nosotros por medio de la duración o de la separación del vínculo (Enemistad).

¿POR QUÉ HAY AMISTADES QUE NOS TRAICIONAN O TRAICIONAMOS?

Para la dualidad ciega, siempre hay un malo o bueno, una víctima o victimario, una parte que tiene la razón y otra que no, un ángel y un diablo… así podríamos pasarnos la vida entregando nuestra irresponsabilidad al otro. Nadie quiere asumir su parte, es más fácil no querer ser el "malo" asumiéndose como víctima, y en consecuencia no se rompe el ciclo y se vive el conflicto repetido.

En la Consciencia de Unidad, encontramos que la Amistad Traicionada o el surgimiento de una Enemistad juega un papel muy importante: *"Nadie, absolutamente nadie te traiciona"* cuando eso sucede, significa que hay un rasgo similar a ti que es capaz de cometer la misma acción o incluso ya haberla consumado previo surgimiento del vínculo. Vivimos en reflejo con el otro, producto de nuestra concepción educativa, por lo que el amor, la amistad y la enemistad no son la excepción. Te enseñan a sanar tu parte oscura o luminosa.

CUANDO MIRO AL OTRO ME CONOZCO MÁS

Una de las preguntas que más se hacen es: *¿Por qué me quitaron algo que era mío?* En estos términos se abarca la pareja, el dinero, o hasta un objeto.

Surge el vínculo con el territorio; el amor a la madre o su arquetipo de crianza, la supervivencia en necesidades a través de los instintos (pulsiones) íntimamente estrecha con la etapa edípica donde el niño pierde a su primer amor y conoce el mundo con objetos a través de palabras como "mío", desencadenando las primeras experiencias con el sentido de apropiación.

Con el "Arquetipo Madre "como representación simbólica o real de la vida, el amor y la supervivencia se experimentan por lo general con la primera posesión del objeto y el primer rechazo o abandono, donde se vive una sensación de desplazamiento por parte del Padre, un Hermano que está por nacer u otra circunstancia similar donde la memoria del cuerpo percibe invasión territorial sintiendo que algo le fue quitado o robado. El acto se vive en diferentes formas y escalas como drama o estrés, que, de no ser reeducado, activa las primeras formas de neurosis produciendo una predisposición a repetir el conflicto inconsciente cuando se manifiestan vivencias simbólicas de latente similitud. Cuando la repetición del conflicto se activa; se es despojado o se despoja al otro, y cumple una metáfora;

> *"...Hacer al otro lo que me hicieron a mí,*
> *deseando saldar a través del otro una deuda*
> *pendiente que siento que la vida me debe..."*

Ejemplos más recurrentes

> *a) Cuando las amistades o familiares pretenden a la pareja*

> *b) Se pretenden o despojan súbitamente posesiones o pertenencias del otro*

> *c) Generación de amores prohibidos, imposibles o incestuosos, y en la parte material; fraudes, robos, secuestros e incluso homicidios.*

En estos casos; la interpretación psicobiológica del robo o despojo significa plantearse la pregunta como introspección y no como juicio:

> *¿Por qué deseo el objeto a través del otro, o por qué el otro desea a través de mi lo que yo poseo?*

> *¿Qué vínculo cifrado representa el otro para desear despojarlo o ser despojado?*

Cuando uno comprende el origen patológico de cada historia y la razón de cómo se eligen las relaciones, se dará cuenta que hay elementos y rasgos similares ocultos que no se tenían en un inicio a la vista, pero representaban elementos de repetición por la unión de historias entramadas. Cuando surge la consciencia para entender el origen, entonces es más fácil perdonar, y la sanación se hace presente en la conducta. Integrar la lección es desactivar la tendencia para ir modificando el comportamiento aprendido y crear vínculos más sabios y empáticos desde nuestra luz y oscuridad.

Reconociendo desde dónde se originó la experiencia se sana la enemistad, y eso no significa volver a retomar la amistad, pero si recordar que para la consciencia de Unidad no hay nadie que nos pueda traicionar más que nosotros mismos.

Honra a los que están, honra a los que se fueron dejando de idealizar, nadie vive la realidad igual.

¿Qué tipo de enemistades experimenté y por qué?

¿Qué tipo de amistades estoy eligiendo?

¿Tengo amistad o enemistad conmigo?

La respuesta superficial, encubre una omisión en la profundad.

Desconocer la Unión ente Superficie y Profundidad evita la trascendencia.

11   LA FORCE

El manejo correcto de las pulsiones supone una vía de acceso a la iluminación, ya que es la tecnología experimental y micro cósmica entre la fusión del espíritu y el cuerpo (el alma).

VOLUNTAD

ARTICULAR EN PALABRA AQUELLO QUE TENGO PAVOR A
EXPRESAR

XII.- EL PERDÓN

<<Mirar el aprendizaje en aquello
que concebimos como un daño, es
comprender que jamás hubo algo
que perdonar>>

Isaí Shanti

En ocasiones te das a través del dolor aquello que crees que te faltó, o exiges al Otro aquella falta que consideras que ese otro puede llenar, pero te sigue produciendo más dolor.

Hay preguntas incontestables porque abarcan demasiadas respuestas. También, existen demasiadas respuestas que propician más preguntas.

Por otro lado, encuentras que muchas preguntas suponen ya el deseo devuelto de una confirmación a una respuesta preexistente planteada a través de una pregunta que contiene duda y certeza.

Cuando hablamos del perdón, nos resulta demasiado escabroso hablar de duelos, muertes, asesinatos y tanto sufrimiento cuando no nos atrevemos a replantearnos las preguntas como espejo en el otro en cuanto a historias, rasgos, palabras y sucesos.

Resulta más práctico escindir la visión del perdón que su planteamiento unitario (a modo de espejo)[28] ya que el reflejo dará muchas respuestas incómodas que hablan más del "Yo" que del prójimo.

El proceso del perdón es arduo en algunos casos, y con justa razón, nos implica la pérdida de algo.

Esta pérdida es expresada por la rabia, la tristeza, y sinfín de sensaciones que parecen ser de inalcanzable resignación y aceptación. Hay preguntas que pueden ser contestadas con más preguntas, porque los procesos no siempre son tan rápidos como uno quiere, o tan lentos como uno percibe.

A continuación, expondré preguntas diversas sobre temas estrechamente relacionados al perdón.

Nota: Las preguntas y respuestas a continuación, no son una evaluación sobre el bien y el mal, sino un abordaje desde la raíz para transformar el origen.

---

[28] Se sugiere que, en el Proceso del Perdón y el Uso de la Metáfora del Espejo, no se le dé una aplicación evasiva de responsabilidades, pues suele usarse con bastante soltura "La ley del espejo" para justificar todo comportamiento. Cabe señalar, que esa ley es un abordaje espiritual usado en exageración, pero también, hay otras metodologías teóricas sobre el espejo que han desarrollado psicoanalistas como Lacan o Winicott respecto al Narcisismo y la articulación del inconsciente como lenguaje.

1.- ¿Por qué la gente mata?

R.- ¿En qué momento les falló el amor propio para expresar su dolor a través del otro?

2.- ¿Por qué la gente engaña?

R.- ¿Cuándo te hicieron sentir que la vida es un peligro para burlar cada compromiso como si fuera tu peor enemigo?

3.- ¿Por qué la gente roba?

R.- ¿Quién te quitó algo que amabas tanto para cobrarle al otro lo que nadie te robó?

4.- ¿Por qué me dejó de amar?

R.- ¿Quién dijo que Amar tiene caducidad? ¿No crees que es mejor que te comiences a amar?

5.- ¿Por qué se murió?

R.- Y la vida, ¿cómo la vivió?

6.- ¿Debe tomar la iniciativa quien se equivocó?

R.- No, debe hacerlo quien está amando más[29].

7.- Eso es ¡Imperdonable!! ¿Crees que merece mi perdón?

R.- Y en su lugar, ¿lo hubieras hecho mejor?, o ¿alguna vez hiciste algo similar? No esperes que la gente reaccione como crees que el sentido común haría. Hay tanta Neurosis que el sentido común no es tan común como tú crees.

8.- ¿Qué hago si hice todo para que me diera su perdón?

R.- Dale la razón a quienes se niegan a recibir paz en su corazón, todo mundo quiere sanar, pero pocos quieren cambiar porque muy sencillo culpar.

Las preguntas y respuestas aquí plasmadas no son para que estés de acuerdo, sino para confrontarte. Lo demás será secundario.

---

[29] Pregunta y respuesta inspirada por Carlos Chávez Macías durante mi proceso psicoanalítico

AQUEL QUE ESTÉ LIBRE DE PECADO QUE LANCE LA PRIMERA PIEDRA

No recuerdo que las escrituras acotaran que Cristo la lanzara, entonces: *¿Cristo es pecador? – ¿Qué es Pecado?*

PECADO

(Errar en el Blanco)

Errar en el blanco no es penitencia, no es castigo ni sufrimiento. Si pecado es no dar al blanco, entonces, es un intento. Todo intento es una posibilidad, y toda posibilidad materializada genera experiencia.

Cuando se entiende la experiencia, se llega al objetivo y entonces se está libre de pecado.

Aprender a crear la realidad con el verbo nos podría ayudar a cambiar pecado por intento, sufrimiento por experiencia y la enseñanza en lugar de la penitencia, entonces:

¿Cristo es pecador?

R.- Si Cristo no lanzó la primera piedra bajo la premisa que solo lo haga quien esta libre de errar, entonces, lo más lógico sería preguntarse los porqués; porque si Cristo libre de pecado tampoco la lanzaría, eso también cambia la posición de origen. Tal vez, Cristo se preguntó:

<< ¿quién soy yo para juzgar?>>

Soy tú, reflejado a través el Yo.

YO SOY

Es lamentable el desgaste de la palabra perdón; debería ser tan sagrada que deberíamos pedir permiso a la Libertad para saberla usar con sabiduría.

Un día, todos necesitaremos del perdón, ya sea para darlo o recibirlo, pero en tiempos de "memes" y usurpación; nos han quedado grandes las redes y poco corazón para saber ejercer la libertad con sabiduría en la expresión.

Ejercer la libertad de expresión es aprender a escuchar al corazón para usar las palabras que emanan de la razón, y tener una voz destinada a la creación y no a la destrucción.

El perdón se pide y se da con el corazón, de lo contrario es vanidad y control. El perdón de ninguna forma puede ser una condición cuando trae aparejada la libertad de soltar, por eso, se torna complicado, incluso, dar el perdón implica asumir la pérdida de lo que no podrá cambiarse en la memoria.

El perdón Es, porque cuando me reflejo en el otro a través de la memoria del alma de nuestra historia biológica, comprendo que estoy repitiendo un programa no sanado, y hacer consciencia de la repetición, es la puerta para reescribir la historia liberándome del conflicto de revivir el dolor como si fuera penitencia, y así, colocarme en el lugar del otro, aunque su acción sea inmoral para nuestra Realidad Humana.

El perdón es complicado. ¡¡ Por supuesto que es jodidamente complejo!!, ya estaríamos a estas alturas sin violencia y sin guerras.

12   LE PENDU

La meditación es la fuente de acceso al mundo de la empatía, no existen juicios ni ataduras, solo es cuestión de una correcta espera para ver la transmutación.

BENEVOLENTE

BIEN-DECIR A QUIEN HIZO UN MALDECIR

XIII.- LOS MOMENTOS

<<*Nunca somos lo mismo de hace un instante y nunca seremos lo mismo, aunque siempre seamos*>>

Isaí Shanti

¿Acaso alguien no quisiera algo para toda la vida?

Es la pregunta más complicada sabiendo que lo único absoluto es el cambio, y también, que en el presente hay cosas que quisiéramos que fueran para siempre.

Los momentos, son estaciones de tiempo relativas, representan el inicio para algunos y el fin para otros. El tiempo lo vivimos bajo tres conceptos que creemos separados; *Pasado, Presente y Futuro*.

He pensado detenidamente que para el Ser no existe el tiempo porque en los tres tiempos buscamos Ser lo que siempre fuimos. Lo que quiero expresar con esta frase, es que al final estamos en un momento que nos conforma en una especie unitaria o dique que permite al Ser desplazarse, siendo Sujeto u Objeto de una Mente Universal que contiene todo al alcance.

Los humanos recordamos *Un pasado para descifrar*, vivimos *Un presente para cambiar*, e imaginamos *Un futuro para soñar*.

LA MENTE UNIVERSAL

Existe una Mente Universal, y en ella se contienen mentes subjetivadas una Mente Social y la Mente individual, diríamos que son interconexiones al Todo para no salir de un Caos-Orden estructurado para la evolución de la Vida en todos sus aspectos.

La mente Universal (negro), une tres percepciones de lo que conocemos como tiempo. Ese tiempo, es una Ilusión de percepción que sirve para concatenar ideas, registros y estructurar modos y formas de vida (Círculos blancos). Conocer del Tiempo, nos permite *ser humanos,* nos permite sentir de alguna forma el dolor, la angustia, la felicidad y el sufrimiento.

¿Qué son lo momentos? – Son el corazón de la Vida… ¿Los Tiempos? – Su propio latido. –

El Ser Humano vive en el Presente la apología de la eterna Insatisfacción o la falta, esto es, que, por regla general, el pasado y el futuro tienden a ser amados o detestados.

Al ser Sujetos deseantes, jamás se está en paz con los tiempos, se necesita más, o se huye de ese "algo" que causó insatisfacción, a veces placer en el sufrimiento, o un profundo dolor.

Ese "algo" que se vivió por primera vez, siempre será una falta o una compensación de anhelo, o de un miedo.

Por una parte, los momentos se añoran cuando se torna una sensación presente del tiempo que es intolerable para vivir en otro, o, si este es muy satisfactorio se deposita miedo al cambio y ya se añora el momento

. El ser humano nunca está en paz, siempre está viviendo en todo menos en un Real. Por lo general busca un símbolo para unir las significaciones de su realidad que siempre busca completar, o fantasear con << *EL ESTAR COMPLETO*>>

 Aprender a contactar con el Ser significa que vivir *Aquí y ahora, y es el arte de vivir en los tres tiempos que residen en nuestro cuerpo psíquico de la realidad, pues interactúan constantemente en nuestras relaciones.*

Decimos con mucha soltura el vivir aquí y ahora, pero podría ser que tengamos que asumir que el aquí y el ahora compone al pasado y el futuro, pues se viven en el presente a través del anillo imaginario de la psique. Nos queda siempre asumir procesos, vivir procesos, y reconciliarnos con la idea que no existe una forma específica de estar completos o realizados, porque justamente en este momento lo más completos que tenemos de nosotros para contestarnos si estamos o no realizados

POEMA SOBRE LOS MOMENTOS

Navegamos el mismo tren en la faz de la Tierra,

Somos pasajeros de las estaciones del tiempo,

Algunas transcurren más rápidas que otras,

Cada viaje es distinto en su ascenso y descenso,

Somos un instante en la eternidad y un abrazo

con ansias de volver a amar.

Dios te creo a ti, para que mis ojos se miren a

través de ti, para que sepas que somos un

instante por vivir

Los cambios no son siempre como uno quiere, a veces, son simplemente los que deben ser. Para encontrar el verdadero anhelo, debes renunciar a lo que quieres[30]. Aceptar lo que necesitas para fundirte con la verdadera esencia de lo que siempre has querido.

---

[30] Esto es una paradoja. Lo que uno quiere, no siempre es realmente lo que quiere, es un impulso o fuerza que sesga la creencia de lo que uno quiere. O se vive en el deseo, o se vive el deseo del otro.

13 LA MORTE

Morir es una actividad natural y cíclica de la materia, un estado momentáneo que permite reconocer el camino de vuelta a la matriz de transformación. Es un recordatorio misterioso a nuestro vínculo íntimo con el Todo.

MORIR

ES AQUELLO QUE LOS VIVOS NO HEMOS PODIDO NOMBRAR,

SOLO A LA HORA DE PARTIR, SABREMOS LO QUE HAY DETRÁS.

XIIII. - GUERRA Y PAZ

<<*En los confines donde la palabra dimite, comienza el dominio de la violencia*>>

Jacques Lacan

La fiel muestra que los diálogos diplomáticos de la política en el mundo están ávidos de guerra en sus discursos y llenos de hipocresía en sus constructos, es el resultado del mercantilismo de armas y la indiferencia en los cuerpos apilados por caprichos de unos cuantos.

La Guerra surge de la ansiedad por conservar y del pánico a perder, es un profundo miedo al rechazo en el ejercicio de la desaprobación y la poca capacidad de lidiar con el disenso.

En años de Guerra y en años transcurridos de historia, no puedo negar que hay una curva evolutiva de enseñanza de lo que no hemos sanado internamente como sociedad; comenzando desde la propia neurosis individual emulando conductas nocivas por el consumo y la cultura del tener. Esto significa que la Guerra es un reflejo de nuestras *"pequeñas guerras"* o conflictos generados por la mente, las emociones y las tensiones tanto personales, interpersonales y colectivas.

El Origen de la Guerra

No esperes terminar la guerra si no comienzas a terminar tu propia guerra.

La guerra interior te paraliza, enferma y tensiona al cuerpo, altera emociones y crea adicciones cuando no sabes identificar esa voz mental que parece no tener final...

La guerra en su concepción no es una cuestión de armas, las armas son su consecuencia;

La guerra comienza por nuestro estado mental de conflicto; cada vez más ausente de nuestra capacidad de mirarnos y de abrazarnos

Guerra es cuando no sabemos expresarnos; callamos cuando no debemos callarnos, gritamos cuando debemos escucharnos, y matamos cuando no sabemos cómo perdonarnos, por eso, una guerra no sanada hace cada vez menos humanos a los humanos, más alejados y desconectados.

Cuando el diálogo llega a heridas sin sanar, emerge la sombra, y esta puede expresarse en el peor escenario como la violencia. Es una pulsión que se confunde con un instinto de supervivencia, que busca defender el territorio psíquico de un ataque que es conocido en alguna parte interna del Ser.

Cuando surge esta fuerza, la escucha no oye, los ojos no miran, y la mente no piensa. Se ejerce el maldecir traducido en palabras y actos que pueden dañar diversos cuerpos o tener consecuencias en diferente impacto.

La Guerra, siempre es concebida con las armas, pero la guerra también es la Salud Mental, nuestra lucha interna entre una pulsión de vida y una pulsión de muerte. Su forma de manifestación es la Depresión, la Ansiedad y el Pánico a la vida.

¿Acaso no hemos almacenado tantas memorias en nosotros para tener ganas de estallar y tirar la toalla?

La Guerra podría ser un estallido de nuestros instintos en busca de minarnos de la pérdida o el rechazo. Este proceso, pasa por tantos Sistemas y formas que adquiere la forma de armas, de muertes, y de amenazas en el nombre del bien, de la Patria, de una Identidad. De alguna forma tenemos un influjo en la creación de este fenómeno que habla más de nuestro estado interno que externo.

SOBRE LA PAZ

 La Paz, conlleva un sendero muy sutil y a veces ilógico para muchos sistemas de pensamiento. Muchos grandes iniciados se regían desde el No Hacer para obtener resultados. Sabían cuando conectar con el poder activo de usar la fuerza sin ser bruta, y cuando no hacer para atraer las condiciones para lograr materializar situaciones.

El aporte de estos maestros, independiente de su muerte, nos dejaron una implicación y funcionamiento que atiende a situaciones más pasivas y mensajes cifrados que una afrenta o ataque.

 La Paz funge como espectadora de la Guerra, deja en el caos una experiencia, y genera orden para justicia.

Los Movimientos sociales de la actualidad están castrando figuras y repitiendo historias que, si bien son necesarias para cambiar el paradigma, muchas de sus demandas quedarán estancadas por no ir al fondo o raíz de su síntoma, y por delegar un cambio en agentes exteriores.

Nos encontramos en una transición de consciencia adolescente / adulta que se caracteriza por retar figuras de autoridad, de luchar por un ideal de justicia ante por una voz que grita en contingentes obtener su lugar en esta vida. El reto o la Herencia para las nuevas generaciones radica que, al momento de destituir al Saber Hegemónico, mañana ya no estará este mismo para descargar de su fracaso o de su evolución.

La gran problemática de las revoluciones actuales está que aún muchos cuerpos individuales no buscan sanar, sino que afuera siga el mito del avatar que les va a sanar o a dar algo por ser *"buenas personas y que trabajan por causas justas"*.

"... El Hombre y la Mujer amarán a la Tierra como

a su Madre, respetarán las Leyes Universales

como a un Padre, honrarán a otro hombre por el

hecho de ser hombre, y a la mujer por el divino

hecho de ser mujer.

Un día, entonces, el Ser Humano hará de su Vida

un sagrado poema y no habrá más guerra, solo

diálogo para aprendernos a respetar...

Si el Amor es ausencia de muerte, y la guerra

ausencia de paz, yo creo que la guerra y la paz no

son una obligación de Dios, sino del Ser Humano

que la creó.

14   TEMPERANCE

La espiral universal es un vaivén equilibrado que muestra la experiencia través de la dualidad

EQUILIBRIO

APRENDER QUE ESTAMOS CONECTADOS AL PADRE CIELO Y QUE LA MADRE ES EL PROCESO PACIENTE QUE NOS ANCLA A LA TIERRA.

> *<<Cada uno de nosotros es su propio diablo, y hacemos de este mundo nuestro infierno>>*
>
> *Oscar Wilde*

La gente rechaza y critica todo aquello que no entiende… Desata infiernos en nombre de Ideologías y Falsos Dioses.

Por alguna extraña razón creo que el Diablo con sus innumerables nombres, y significados, cumple una enseñanza productiva como símbolo de nuestra sombra. Este Símbolo o nivel de consciencia es necesario, y una de las situaciones en las que no comulgo, están en aquella visión de ciertas prácticas que aluden a *"Vencer al Ego" ¿Qué haríamos de nosotros sin aprender a abrazar ciertas verdades tan incómodas sobre nosotros?*

El equilibrio de los opuestos supondría que el Diablo cumple con diferentes visiones de la vida que nos muestran mejor los reflejos de nuestros más incomprendidos comportamientos. Y estos pueden cumplir formas de explicarse en diversos nombres o situaciones.

LAS CARAS DEL DIABLO

- El Arquetipo del Ángel.

El mejor hijo de Dios, dispuesto a descender al inframundo para cuidar las puertas del infierno, y nadie mejor que él para hacer esa labor para mantener el orden del aprendizaje evolutivo.

Incluso el Caos está en orden.

- El Ego.

Ser el mejor hijo de Dios no fue suficiente, la avaricia y el narcisismo siempre lo llevan a querer más, no existe poder que lo complete. Por querer ser Dios, se olvidó de Ser Lucifer y se olvidó de reconocer su falta – El Ángel Caído que viene a aprender de la condición e imperfección Humana.

- El Perverso (Psicoanálisis)

Buscar a toda costa alterar el orden Universal, desafiar las leyes naturales para la satisfacción propia. Él sabe de síntoma y goza cuando angustia al prójimo.

En su transgresión no hay culpa en el acto, solo deseos de generar o replicar su sufrimiento a los otros por miedo a ser castrado por su padre.

- El Excluido

Por alterar el Orden del Amor, aquel que ocupa el Rol que no le corresponde, excluye y se excluye.

Suele Ser un Narcisismo ligado a la Depresión o a cierta Neurosis, vive en una constante herida, de rechazo, abandono y humillación.

- El Genio

Ser desafiante de un sistema, un innovador, y un prodigio, a veces incomprendido donde *se* satanizan las ideas revolucionarias, y entonces es el genio incomprendido o la oveja negra. Son personas que no tienen fines perversos pero que requieren ser villanos de una trama donde los agentes de un síntoma prefieren tener un culpable en el innovador y seguir con la misma historia de queja y deseo ficticio de sanación.

- El inconsciente

Es la Pulsión o fuerza que genera en los actos la repetición, una sensación de querer dejar algo y sentir una sensación dominante que atraviesa los distintos cuerpos para seguir en una forma de compulsión a la repetición.

La Relación de Dios con el Diablo es parte de la misma esencia en explicaciones duales, ambas necesarias para unificar partes que nos conforman. Camino de la Unidad.

Por eso, es importante no pretender eliminar al ego, podría tratarse de que ese deseo ya supone una trampa ensimismada.

La motivación central estaría dirigida a *saber reconocer nuestras verdades más desafiantes y crudas; aquellas que cuando nos miramos al espejo nos duelen, nos confrontan y que rechazamos o negamos.*

La Terapia y la constante Autoobservación son indispensables, incluso otras herramientas para reposicionar la forma en que las manifestamos en nuestras relaciones.

Nuestro Diablo se compone con rasgos que nos acompañan y que podemos negociar cada vez mejor para aprender algo del otro y de nosotros.

No es fácil quitar ese impulso a repetir, pero es el arte de navegar en nuestros fantasmas y atravesarlos.

Por lo General, también atribuimos al Diablo el poder oscuro de la Magia Negra y los Rituales. Hay en la cultura innumerables formas de representación de esta fuerza.

Para las Iglesias Satanistas, es una forma de liberarse de cadenas, de liberar las pasiones y acceder a las fuentes del conocimiento que no son visibles a la mayoría.

Hay otras sectas que cometen actos crueles y perversos clínicamente hablando, que proyectan toda la problemática sistémica de sus frustraciones a través de diversas prácticas que operan desde otras metodologías.

En el diablo, podemos manifestar los secretos, por pertenecer o adjudicar a lo oscuro, a lo que es menester descifrar. La magia, el ritual, la rebeldía y la revelación son aspectos del inconsciente y de lo profundo, pues no hablamos de solo cuestiones personales, sino de historias transgeneracionales que se instituyen en un dispositivo biológico como el ser humano; nace programado, actúa programado y es en la vida donde es el trabajo de todos los días sanarlo.

¿Quién eres cuando

nadie te ve?

15 LE DIABLE

*La Historia está llena de Villanos que eran buenos
en tiempos donde los Malvados eran Glorificados,
el propósito de un ángel caído es crear y
mantener a raya sus demonios.*

EGO

CUANDO APRENDO DE TI, ABRAZO LA VIDA

XVI.- LA FAMILIA

La Familia es un códice de potenciales a sanar y por descubrir, la Familia es el mecanismo o dispositivo de información heredada a través de generaciones, y esa información cumple su *función* en la crianza y que desarrolla nuestro lenguaje. Una vez que el lenguaje se va desarrollando, estos aprendizajes se materializan por medio de *Discursos y Hologramas (Proyección).*

La familia es un códice que contiene el entramado de preguntas planteadas por el Sujeto, así como sus Respuestas. Encarnarnos en un Sistema, es necesario como el puente Biológico *(Dispositivo)* entre el *cuerpo y el alma* que formarán nuestros rasgos y una predeterminación de nuestros vínculos y relaciones.

LA FAMILIA COMO SISTEMA

Opera como la visión de un Cuerpo Social estructurado por miembros y jerarquías que cuentan mitos e historias.

Estos Cuerpos fungen como un Organigrama, es la Idea Primigenia del Clan, o como una *"manada"* desde una visión instintiva de nuestros orígenes.

La Familia es nuestra Historia, y nuestro Inconsciente, pues este se ve estructurado a modo de lenguaje que muchas veces, somos hablados por este, y no tanto siendo agentes hablantes del lenguaje. *Habla otro por Nosotros* y *que nos vive.*

En esa Expresión se encuentran introyectadas las memorias y actos heredados que son descubiertos a partir del encuentro con otro. Ese otro, es una representación holográfica de nuestro sistema simbolizado en el individuo que adquiere vida en el Trabajo, en la Pareja, en las Amistades, o Relaciones Interpersonales.

Es decir; aquello que no se ve en nosotros, se proyecta en devolución en la mirada del Otro. Por eso, la gran parte de nuestros sucesos que nos transcurren a modo formas relacionales, surgen *fantasmas o heridas* que son síntomas de una situación por resolver.

DIFERENCIA ENTRE VÍNCULO Y RELACIÓN

En muchísimas ocasiones, en consulta surgen manifestaciones dolorosas de eventos muy traumáticos donde la relación con el familiar se torna IMPOSIBLE. Y lo que pretendo expresar con esta premisa; va encaminado a que, por muerte, ausencia, violación, o un abuso, los pacientes no tienen ya en presencia física al integrante del Sistema. Esa situación, les hace creer que no habrá forma, no habrá opción y que estarán destinados a una repetición constante de una especie de maldición. Entonces, *¿Es realmente importante distinguir de vínculo y relación? En mi opinión y a modo de explicación más sustentada a estos sucesos, la respuesta es ¡¡Sí!!*

Podrías no tener la mejor relación con familiares por vivencias diversas y complicadas. Sin embargo, es importante tener en consideración que el vínculo siempre prevalece y la relación puede reescribirse una vez haciendo consciencia de la raíz. *No siempre es necesario tener relación para sanar un vínculo.*

- ***Relación***: Calidad o nivel de interacción respecto al otro *(la forma en cómo es la convivencia),* la relación implica una percepción de mi realidad respecto de qué tan cercano o lejano es nuestra expresión, afecto y contacto.

- ***Vínculo***: Unión Biológica representada de potenciales susceptibles de ser repetidos, olvidados o reescritos. El vínculo es *La Función Padre - Madre,* ese origen que no puede ser cambiado, por *ejemplo: la concepción o el parto, son momentos que representan una tendencia, un tatuaje para la vida.*

A veces, cuando no puede sanarse la relación porque el ser querido trascendió, se niega a establecer contacto, o cualquier otro, siempre, el reconocimiento e integración del vínculo, ayudará a evitar la repetición del conflicto.

INTEGRAR ES TOMAR LA EXPERIENCIA COMO ES

Tomar la experiencia como es, significa tomar al Ancestro o a los Padres como son, por ello, si revisamos al capítulo del perdón, mencionamos que cuesta y duele en algunos momentos. Surgen preguntas y resistencias del porqué habría que aceptar todo, y recibir o conciliar en aquello que pudo ser algo sumamente traumático.

Tomar, es reconciliar la fuerza de vida *(la vida es lo bueno y lo malo),* para llevarla a la sublimación, a la autonomía y la generación de nuevos vínculos. Irónicamente el Tomar la vida como es, implica renunciar a algo (*Eso que ideaba para bien o mal del ser amado u odiado que nunca será*). Esa renuncia es no esperar a que los que nos dieron la vida cambien, a que no tienen nada más que darnos mas aquello que solo pudieron dar.

Esto suena tan complejo para las múltiples realidades porque hablamos de las leyes naturales y sistémicas que mantienen un equilibrio en nuestro modo de vida. De no hacerse este recambio, la generación sucesiva llevará las cargas no resueltas.

Muchas veces, se cree vivir la vida sin saber que se vive otra vida.

REESCRIBES LA HISTORIA O REPITES EL ERROR.

Sanar el vínculo, es reconocer a la familia tal y como es, no significa permitir que se transgredan límites, pero si asumir que no está en nuestras manos cambiar al otro. La responsabilidad de transformar nuestra realidad es nuestra gran vía de evolución. La sanación del patrón de repetición de conflicto no altera tu origen por más que cambies tu apellido, nombre, sexo, o residencia por buscar no pertenecer al Sistema Biológico o huir del mismo.

La biología es un Sistema que te tocó para cumplir tu misión, por eso, sanar al sistema, da la capacidad de cambiar el patrón que es la forma en que concibes o te relacionas con la experiencia del Vínculo.

Por más trámites legales y avances científicos, no puedes cambiar a tu familia, el momento de tu concepción, del parto y a tus padres. No puedes cambiar lo que siempre has sido, y eso va más allá del cuerpo. En cambio, Sí puedes; aceptar y reconocer tus raíces como una herramienta para cambiar las ideas o las repeticiones que hacen que tu percepción de ese origen no sea la mejor, y eso es transformar el patrón. Origen es vínculo, percepción es relación.

EL PRIMER CONTRATO SOCIAL NO ES EL ESTADO, ES LA FAMILIA

El contrato que todo ser tiene, reside en la familia; la familia y la persona, son las partes esenciales y naturales que componen el acuerdo, y por eso es inalterable. Dejemos la absurda idea que el contrato social es entre el Estado y el Gobernado, cuando se comprenda que es entre la persona y su Familia, muchas ideas sobre el deber ser y las normas cambiaran paradigmas. Dentro del contrato, encontramos cláusulas, y ese llamado patrón de comportamiento o programación, son nada más y nada menos que las cláusulas creadas por medio del tipo de educación, experiencias y mandatos que aprendes en tu crianza. Hay Familias reales o simbólicas que tienen diferentes cláusulas y que por más cambios al exterior que queramos hacer, lo cual es válido, no siempre son profundos o satisfactorios si primero no cambiamos esa cláusula interior que determina una forma comportamiento inconsciente (psique) como espejo en nuestras relaciones de trabajo, amor y sociedad. Cuando un patrón no se sana, nada nos será suficiente. La Familia es una microscópica composición del tejido social, que, sumada en su conjunto, componen un macrosistema social con idiosincrasias en un tiempo y espacio para dar vida a un Sistema de componentes jurídicos, sociales, institucionales y económicos.

CLAUSULAS FAMILIARES Y SU PSICOLOGÍA JURIDICA

- *CARENCIA:*

  Reflejado en el amor y el dinero como una polaridad donde hay personas pobres que quieren abundancia, pero prefieren no tener o pierden lo que ya tenían (quiebra o pérdida de empleos fortunas y relaciones).

  A veces la abundancia representa peligro, corrupción o algo malo. Por otro lado, existen personas que materialmente reflejan una abundancia engañosa. Tienen todo a disposición, pero la necesidad de controlar, el poder de querer más porque lo que tienen no les basta, es la misma carencia de una inmensa angustia de perder, surge la patología de acumular.

  CLAÚSULA

  Más vale vivir pobre pero honrado | Necesito más poder porque tengo miedo a perder

- *ENGAÑO:*

Experiencia de la traición, donde la materialización se da por los fraudes, infidelidades, triángulos amorosos, relaciones incestuosas y robos.

CLAÚSULA

Deseo a través del otro aquello que siento que no puedo darme a mí por mis propios medios

- *ABANDONO:*

En la infancia existen separaciones o divorcios, padres que trabajaban mucho y no podían estar por tiempos y manutención con la familia, también, se expresa por muertes o rupturas, a veces este programa va de la mano del rechazo.

La persona abandona o la abandonan, ya sea en empleos, que la despidan o relaciones que de pronto dejan de funcionar o muertes repentinas.

CLAÚSULA

Mejor no me involucro porque temo al día que
esto termine | Si doy de más se van

Tan solo he especificado algunos programas que se dan en familias, ya que hay innumerables situaciones y formas que los componen, pueden estar enfocados a temas legales, emocionales, enfermedades y vicios, entre otros. Hay una situación o situaciones que predominan en las familias como una energía visible pero escondida en costumbre, y ese cúmulo de experiencias crean juicios y verdades para cada Sistema de Familia, de ahí que los rasgos van determinando una cláusula psíquica o patrón que busca relacionarse con sus similares. El Ser no puede dejar de ser Parte en un contrato biológico - espiritual, pero si tiene el derecho de cambiar la forma que vive la cláusula de su vida.

Cada herida tiene su fantasma en la relación proyectada
que se verá de/vuelta a modo de conversación, acción,
acto, y formas de expresión.

Cada herida tiene un fantasma que será nuestra misión atravesar en el transcurso de la vida.

16 LE MAISON DIEU

Entre más rígida una postura, más rápido colapsa. Romper un paradigma es cimentar nuevas bases para crecer en el SER

DE/CODIFICAR

HAY UN SABER NO SABIDO DEL CUAL NADIE ES RESPONSABLE[31]

---

[31] Jacques Lacan – El Inconsciente Estructurado como Lenguaje – Seminario 17

> *<<Si ves al amor como capricho ideológico para imponer tus necesidades, entonces te sugiero que por respeto a ti y a los otros no le llames Amor>>*
>
> *Isaí Shanti*

¿Qué es el amor?

El Significante con mayor misterio, significante que, en esta edición, te puedo compartir, podría tratarse de ser algo de lo que menos sé. Incluso es algo de lo que hablamos y suponemos creer que sabemos para al final darnos cuenta de que es eso de lo que menos sabemos

El Amor, bajo esta premisa, bajo este supuesto, merece ser la mayor de las preguntas planteadas y de las más respondidas, todas ellas en formas válidas de acuerdo con cada experiencia.

Para algunos: el amor se traduce en emoción, en sentimientos, en experiencias, en cuantificaciones, en expresiones, en devociones o hasta sacrificios.

En esta *re/integración*, y *de/construcción*, puedo confesar que el amor me ha cambiado, que he cambiado con el amor, y que el amor sigue siendo un misterio en el que sin ser del todo la voz autorizada para definirlo como la última letra, permíteme aportar desde mi experiencia en cuanto a literatura, experiencia, casos en consultorio, investigaciones y la evolución propia de una consciencia observante en el diván existencial dela vida.

AMOR

Un estado de consciencia que será equivalente a tus experiencias previas y las aún no vividas, simplemente porque la consciencia es ilimitada y expansiva, indefinida y evolutiva.

El amor es un reflejo de nosotros a través del otro, el amor es una realidad y una verdad, el amor es Todo.

Hoy, desconozco con la paradoja experimental de una expansión transitoria de mi consciencia que el amor no siempre trata de completud en un sentido de estar realizado, pues nuestra concepción de las relaciones y el amor componen ya un proceso entre un Viejo y Nuevo Paradigma de la pareja, en el que es siempre un menester llevarse el aprendizaje, sea la etapa vital que sea.

En la actualidad, vienen las discursivas contra el amor romántico, o fomenta el amor racional, el amor libre y diverso, por ejemplificar grosso modo.

Este surgimiento de lenguajes del amor, aún nos sigue manteniendo en una *"superficie"* por así contextualizar el concepto del amor. Considero que nuestras experiencias del Alma y del Corazón contienen el llamado o la latente manifestación de un síntoma.

Ello, implica que la significación que va adquiriendo el amor en las actuales generaciones se desenvuelve más como el *efecto máximo de una múltiple cascada de memorias no sanadas* que buscan obtener respuestas al experimentar, crear, trazar, o incluso paliar asuntos del amor sistémico[32] que en experiencia proyectiva nos rige, a menos inconscientemente si esto produce una negación en ti.

---

[32] El Amor Sistémico, cumple una Ley Fundamental establecida por Bert Hellinger, Primero el ORDEN y después el Amor. Para el entendimiento de este concepto y la experiencia de este, implica entender el capítulo de "LA FAMILIA Y SUS ÓRDENES"

¿Qué tan cerca estamos de la Completud y el Amor?

Tal vez, completos al estar experimentando esta encarnación, y tal vez, incompletos por aquellas experiencias que nos separan por el constante vaivén de la vida, pues nos desconectamos en un inicio bajar a una vida biológica o cuerpo denso habla del primer desprendimiento del padre.

Somos un poco de ambas...

EL OTRO Y EL AMOR

Es tan preciso amar que al mirarte a los ojos percibo al cielo y a Dios como un reflejo...

Entregar el corazón es una semilla que no puede sembrarse en cualquier consciencia, la evolución del amor implica cosechar los aprendizajes que nos mueven el alma.

Te mereces Ser el Todo, ya eres el Todo.

Pero si el amor es Todo, entonces ¿qué es el Todo?:

¿Cuántas partes conforman el Todo?

¿Cuántas caras nos conforman a nosotros?

¿Cuántas veces nos tenemos que encontrar?

Las respuestas están en Todo, somos diferentes caras de un Todo y vivimos experiencias que nos llevan al Todo...

Y ¿Qué es el Todo?

Dios

LA PAREJA CONSCIENTE

¿Qué es ser pareja?

"… La única pareja posible no es la simbiosis de dos egos infantiles sino la colaboración de dos consciencias libres …"

Alejandro Jodorowsky

¿Por qué somos disparejas?

Porque somos universos transindividuales depositados en vasijas propias; ahí la expresión *"Cada cabeza es un mundo"*. Llevamos introyectado una composición de un mundo que ha sido explicado por diversas constelaciones. Sin embrago, en nuestra elección, podríamos traducir que toda disparidad en la pareja trae un síntoma que grita en los cuerpos individuales una carga que no siempre es vista.

Por regla general, esa carga opera de forma similar a la de una Droga o la Adicción, pues el "Amado "es un conocido sutil de una memoria que ha sido integrada en diversos momentos por la crianza. Esa memoria se encarga de ser activada en la relación de amor, y desprende mensajes de dos mundos narrados en diversas formas, pero con algunas compatibilidades perfectas para manifestar al Caos.

Si realmente existiera un Manual infalible sobre el elegir bien o manifestar el "amor deseado" créanme que la labor terapéutica, la filosofía, la investigación o la literatura no tendría razón de ser para seguir dando pistas, vestigios y formas de amar mejor, pues el Paradigma de las formas, tendencias, y lenguajes que expresan diversos contingentes del Amor, tiene una parte de genérico y conocido, pero también de pretensiones de innovar.

ELEGIR MEJOR.

Psicólogos como Walter Riso, mencionan contundentemente que hay que amar cuando se esté listo, y no cuando se esté solo". Esto, se explica un poco en la redacción de la primera edición cuando distinguía que un Amor Auténtico y Substituto, donde el primero conlleva *un elegir*, y el Amor Substitutivo, es una *necesidad más ansiosa*.

Hoy por hoy, creo que el amor podría componer un poco de ambas, pues mencionamos que no siempre estamos completos. Pues al ser sujetos deseantes vivimos en cierta falta. No accedemos a toda la información, a toda la vida, su conocimiento y a la perfección, por ende, tenemos necesidades y pulsiones. Tal significación, consiste que hay un llamado interno de amar y ser amado, surge una *"necesidad"* o un *"deseo"* de amor.

Deseamos Amar y Ser Amados, aunque en el inconsciente también estamos buscando satisfacer la necesidad derivada de una falta. Esa falta que está albergada en la información de los ancestros, y *que propicia vivir la vida de otros y no la que creemos nosotros*, así viene la repetición de historia o un amor imposible o difícil.

PARÁMETROS DE ELECCIÓN.

Se sugiere conocerse las *"mañas"*: la manifestación del *"Te prefiero como sinónimo de elección",* liga aceptar la dualidad mediante una construcción constante y asertiva.

- Polos Opuestos no Funcionan

Polos Iguales, se prefiere, y en las diferencias lograr cerrar brechas o diferencias que no sean una aceptación adhesiva que ponga en riesgo el concepto subjetivo de la *dignidad* de cada mundo.

- Vivir

Tendrás que equivocarte para corregir, consiste en que suceda cada día menos y cada día aceptando los mensajes de vuelta que te deja la experiencia. No es una labor fácil porque hay compulsiones a repetir ciertas conductas que viven al Sujeto y no el Sujeto quien las vive.

- Ya no quiero equivocarme.

Tal vez si no conoces, no lo sabrás. Y en ese lapso, habrá una oportunidad de valorar la compatibilidad, la negociación y las diferencias.

También, si has tenido experiencia, y se supone has trabajado en ella, los velos o los fantasmas arrojados por el Otro, serían una cuestión de prueba para determinar con prontitud donde amarse mejor.

Las formas de trabajo van en muchas formas, la terapia es la que mejor énfasis tiene, y como complemento prácticas alternativas que mejor vayan contigo, así como la introspección constante. Esto no supone la panacea que te libere, pero si aquella que te acerque.

Estamos esperando el Ideal del Amor, pero para obtener esa ganancia de un Amor Sano, en todo caso o constructivo, ¿a qué síntomas estás dispuesta (o) a renunciar? Muchos desean sanar, pero pocas personas renunciar a aquello que suponen les hace mal.

Es probable que en la vida tengamos que vivir estos amores, aprender a tiempo, y sanar. Tal vez, a veces repetir será la lección, pero con la suspicacia de abrir el cuerpo psíquico al fantasma o a la información que necesitamos recibir para modificar y no estacarnos. En algún momento, esas fases, seguro nos llevarán de una forma más sana a estos parámetros para elegir. Y de ninguna forma implica dejar de tener conflictos o dejar de construir.

IN/FIDELIS

Durante el replanteamiento de esta edición especial, consideré oportuno agregar a este libro una pregunta de Yesenia García, una joven estudiante de danza y arte de Guadalajara. Pues me pareció genial analizar la Infidelidad mediante preguntas o interrogantes a modo de demanda clínica llega un paciente.

¿Qué opinión merece la infidelidad?

Merece un aprendizaje para comprender más sobre las heridas que se abren cuando ese acto da lugar.

Primero; puede operar como un fantasma que genera alguna Herida o Programa, tanto de aquella persona que lo hace y de quien recibe. Por ejemplo: pueden Operar Fantasmas de Rechazo, Abandono, Injusticia y Humillación.

Segundo; La infidelidad para efectos de lo plasmado en este libro, tiene una operación análoga en el capítulo del Perdón del presente libro. La Infidelidad opera como pérdida de un Ideal, el rechazo a una parte esencial, como la injusticia en el orden del dar y recibir, y, finalmente, como una humillación a nuestra dignidad y autoestima.

Eso va de ida y vuelta, y es algo genéricamente visto en las consultas, en las charlas cotidianas y por supuesto que entrego parte de mi vivencia más íntima.

¿Existe la Infidelidad?

Sí, y No, prosigo…

Sí: En cuanto el Sujeto nombra y pronuncia, existe aquello que le da forma, ya sea como acuerdo, prohibición, mandato o anhelo. Es decir, que existe a través de un Acto Significante y se vuelve experiencia cuando adquiere sentido o significado. Alguien me recordó la herida a través de la pérdida que me representa romper un *sentido de pertenencia.*

No: Desde la óptica de la consciencia de Unidad donde no existe el juicio, solo una experiencia, una manifestación de dos fuerzas que tienen un discurso interno latente, en forma de miedo, programa y repetición. Diríamos que desde un máximo y supra consciente ideal, no hay una apropiación, apego y pertenencia, aquello nombrada infidelidad no adquiere valor o fuerza[33].

---

[33] Cabe mencionar que hablar de ese amor supra consciente y totalmente desinteresado, me parece más que puede ir aplicado al amor propio como un sentido de "Amar cuando estoy listo", pues cuando buscamos sacara al amor de la monogamia, en ocasiones surge la gran fantasía que permitir la exclusividad afectiva y apertura sexual, sigue generando los mismos problemas porque genera solo cambiar las consecuencias del problema y no la raíz donde habla el fantasma.

¿Es Infiel el Sujeto A que ha dado por hecho el respeto y la pertenencia de exclusividad por el vínculo, o es el Sujeto B, aquella persona que rompió con la exclusividad?

Ambos

El Sujeto A puede ser responsable porque en ocasiones, se da por seguro aquello que requiere una construcción diaria. Entonces, asentarse en creencias que el Otro me acepte y me quiera así, haga o no haga porque me limita, solo habla de una posición unilateral y egoíca. Dar por sentado que nunca te irás puede generar angustia, en este caso, el Sujeto B, que incluso muchas veces manifestó el deseo de subsanar desavenencias y pudo ser anulado, poco tomado en cuenta y permite la apertura de una herida donde a pesar de estar con el Ser Amado físicamente, no siente la presencia esencial de lo mutuo. Su forma de sobrevivencia al desamor es cambiar la meta que subsane aquello que me priva el otro.

Diríamos que ninguna causa es justificada desde la rigidez del acuerdo, pero uso este ejemplo real de muchos casos que suceden con esa singularidad para manifestar que esa infidelidad no viene desde un tercero, comienza con la falta de trabajo interno y que se verá encarnada posteriormente como efecto en un tercero. Esta surge desde la mente hasta encontrar realidad.

Amor Substituto

Son pocos los amores conscientes, pero de esos pocos ya son muchos para hacer del amor una evolución que nos vincule mejor desde la calma y no desde la desesperación.

Esa desesperación que hace ir a las personas necesitadas de relación en relación. Comprender que buscar enamorarse a la fuerza y por capricho no es amor.

Nos educaron con muchas falacias sobre la pareja como el amor *platónico y su mala concepción*, la *media naranja*, el *matrimonio y los hijos* como sinónimo de éxito y de obligación.

OTROS PARÁMETROS PARA MEJORAR LA ELECCIÓN DEL AMOR, SANAR LA RELACIÓN Y TOMAR UNA ELECCIÓN.

- Amar al otro partiendo de la calidad de amor que me tengo yo, y nada tiene que ver con la cantidad, sino con una correspondencia que va ligada a interés y admiración del ser amado.
- La primera relación es a partir cómo me voy conociendo a partir de otras experiencias y mis expectativas para saber en dónde están mis límites o frustraciones

- No confundas amor propio con vanidad, de ahí que se hacen amores Unilaterales y sumamente jerárquicos o con tendencia a competir y anular al otro.

- Hay DISPAREJAS creyendo que son PAREJAS, algo que sucede en muchos ámbitos o momentos. Siempre es bueno o sugerente empezar al revés, como mencioné, conocerse las sombras para lidiar mejor con ese velo y apego generado por el enamoramiento.

- La mejor forma para encontrar al amor es encontrarte a ti. Y esto te pasara siempre, la vida no es estática, todo cambia.

- Si crees que necesitas pareja como condición para estar feliz, entonces no estás listo para el amor, solo tendrás una relación creyendo que está construida por algo que no es amor.

LA ECUACIÓN FILOSÓFICA DEL AMOR

Es la composición orientada al Ser para elegir mejor, buscando una armonía de pareja con el amor sano y no con una patología de demanda perfeccionista. La ecuación lleva tres elementos de análisis desde una Trilogía Metafórica para explicar un visón del Amor, la Vida y Dios:

EROS – Pasión – Pulsión- Estómago-Cerebro Reptil

PHILIA – Ternura- Emoción-Corazón-Hipotálamo

AGAPE – Compromiso- Razón-Cerebro-Córtex

El conjunto de sus partes compone una pareja o dispareja, su Resultado depende de la capacidad de armonización entre los opuestos para crear un equilibrio. La creación del Amor es un compuesto de creencias y concepciones de origen que forman un todo.

La figura representada, pretende explicar que el amor busca compatibilidades que puedan formular un patrón coherente entre sus aristas y superficie, de lo contrario, el producto o el fin crearía una figura incompatible con la otra que expresa desarmonía, desacuerdos y la ansiedad a nivel biológico.

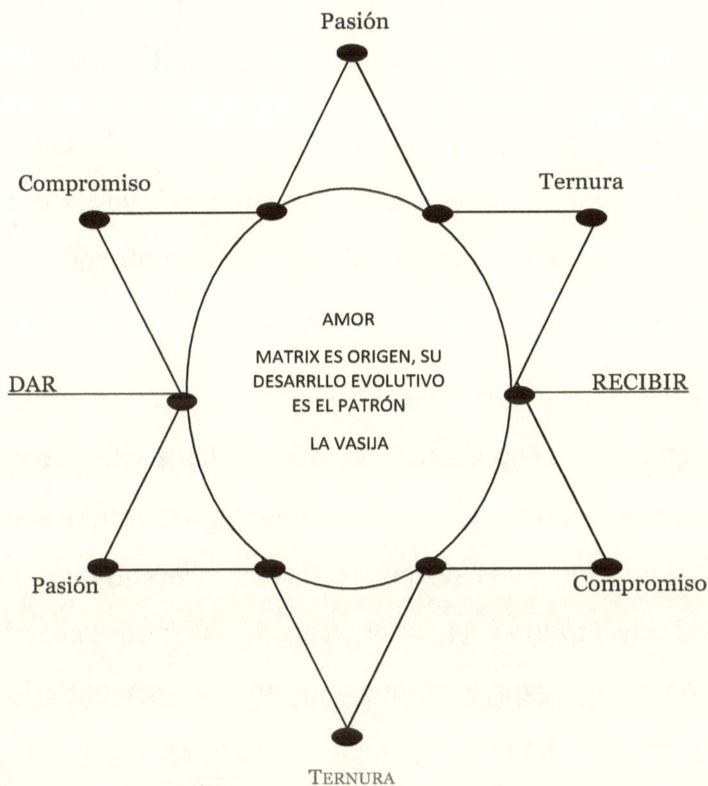

MASCULINO PADRE CIELO
Pasión
Compromiso
Ternura
AMOR
MATRIX ES ORIGEN, SU
DESARRLLO EVOLUTIVO
ES EL PATRÓN
LA VASIJA
DAR
RECIBIR
Pasión
Compromiso
TERNURA
FEMENINO MADRE TIERRA

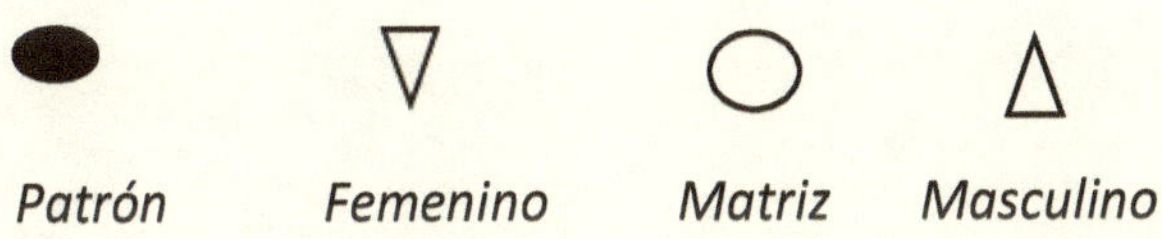

Patrón
Femenino
Matriz
Masculino

Vínculo entre el hombre y la mujer, pero también con la energía de cada persona independiente de su sexo o (Rol).

La energía masculina representa el dar y el conector de la vasija, por eso que la punta conecta con lo activo en alegoría fálica.

La Energía Femenina, es la que administra, conserva y conduce la energía del dar a la armonización del patrón, es la vasija receptora y que tiene la función de lo sutil y lo profundo, esta es representada como el recibir con punta abajo.

Masculino Da y Femenino Recibe, pero el dar y recibir son estructuralmente ubicadas en forma horizontal como un intercambio justo de los roles, donde las prioridades de masculino y femenino se enmarcan como diferentes, por lo que a nivel consultorio y análisis cotidiano, de una forma general pero no absoluta, explica esquemáticamente comportamientos cotidianos de hombres y mujeres por regla general y las formaciones de otro tipo de relaciones.

Pasión – Ternura – Compromiso [34]

Es la composición del lenguaje del amor, que juntas conducen al amor cósmico entre los rasgos de consciencia de nacimiento (la matriz o materia), y los patrones de comportamiento, (el padre, o patrón).

Ir sanando cada rasgo implica componer una expresión de la matriz total en una figura armónica entre las diferencias.

Pasión

Expresada como la consciencia del niño que satisface necesidades biológicas primarias, pero que tampoco pueden ser desestimadas ya que son el vínculo con la experiencia.

Primera necesidad de la Consciencia Masculina en sentido genérico en contrapunto a la Femenina donde está la Ternura; el poder de la caricia, el cuidado y el afecto.

Ternura

Es la consciencia del adolescente que busca la comprensión y el entendimiento ante la afluencia de la indecisión, también revela

---

[34] Carlos Chávez mencionaba que las parejas deben buscar un equilibrio entre la pasión, la ternura y el compromiso para madurar y evolucionar

un impulso, pero más enfocado al encuentro con lo tierno, el afecto y el cuidado.

Consciencia generalmente más prioritaria en la mujer y más reprimida en el hombre.

Compromiso

Consciencia del Adulto que conforma la madurez y la toma de decisiones, es la mecanización y racionalización de los planes buscando unir lo tierno y lo pasional. Es la perfecta Unión de que Dios es Femenino y Masculino.

Para unirnos a los tres puntos hacemos renuncias de identificación una vez tomad lo bueno y malo de nuestros ascendientes. Pues recibimos energía de vida para salir a buscar lo diferente y crear nuestro hogar. Entiéndase este punto como una metáfora de salida, autonomía y madurez

Enamórate.

Enamórate de tu gesto más odiado cuando te levantas, de la persona que te hizo pedazos el corazón cuando aún confiabas.

Enamórate; sí, enamórate de cada perdón que salga de tu alma y perdona todo aquello necesites para ver un mejor mañana.

Enamórate porque sería vanidad no reconocer que hemos sido espinas y rosas.

Enamórate; cada amor que sucede en tu vida es una explosión del cosmos que te vuelve a tu camino evolutivo.

Enamórate porque, aunque no todos los días se puede ser feliz, enamorarte de la vida en cada mañana es un alivio al alma.

Ama.

En instantes simples, Ama.

En la pausa, en la tormenta o en un efímero y eterno alto,
Ama.

Cuando sientas perder calma; recuerda que siempre hay
alguien que te ama.

Ama, siendo tú el primero que se Ama.

Ama a los demás sin perder tu propia calma.

Ama tus gustos e incluso tus pequeños caprichos, pero
jamás vendas tu alma.

Ama en la adversidad y Ama la diversidad.

Ama lo mejor que puedas.

Por sobre todas las cosas, Ama.

RECETA PARA EL ALMA

¿Ahora; qué piensas del amor?, Ve a tus raíces, observa que repites, y sabrás a quién eliges...

17   L'ETOILE

Romper Paradigmas es un acto Amoroso y Valiente, te presenta a la tristeza y su diálogo con lo sutil. La Iluminación surge cuando la consciencia se libera para recordar el propósito de la pregunta

¿QUIÉN SOY YO?

ESPERANZA

ESPERA, ALGUIEN YA TE ESTÁ DECRETANDO ... ALGUIEN DURANTE TODO EL APRENDIZAJE DE SU HERIDA YA TE ESTABA ESPERANDO...

XVIII.- POLÍTICA

> *<< La Política es una idea, y toda idea adquiere vida cuando la conviertes en decreto, y todo decreto será tu paradigma >>*
>
> *Isaí Shanti*

La Política se concibe genéricamente en personas que conforman Instituciones con corrientes ideológicas específicas para detentar el poder o gobierno. Los Políticos no son necesariamente los Hombres y Mujeres con trajes, pertenecientes a Instituciones y adherentes al poder o vinculados al Gobierno. Existen demasiados Políticos que no saben hacer política, y muchas personas que hacen política sin saber que también asumen un rol de políticos.

¿Qué es la Política?

Sin un preámbulo de citas y autores, para fines prácticos; política es una idea con patrones encaminados a cumplir un propósito, su gestación surge de la inmaterialidad, de la mente y de lo Imaginario, es la pregunta que vaticina un potencial de realización. Hacer Política es un decreto en su origen y una directriz en su materialización.

Los Seres Humanos hacen política toda su vida, algunos son más conscientes que otros sobre su implicación. Hay gente que rechaza categóricamente *"lo político"* sin saber que hacen de la política una actividad constante.

El rechazo a la noción genérica de política es producto de un cansancio colectivo, de la intolerancia al abuso del poder. La Gente ya no confía en los Sistemas Jurídicos, en las Instituciones que encabezan y ponen en marcha directrices para una convivencia social repitiendo los mismos errores.

Si lo aterrizamos bien, la primera política no nace del Estado ni del elemento Sociedad, sino de la familia, o si usamos arcaicamente el término, la política surge en el clan. El problema, es lo que se ha hecho con la política y con la creencia de lo que se cree que es política. Las personas no creen en los Sistemas Jurídicos, pero aún mantienen una Fe ciega en la Justicia.

Los Sistemas Políticos son obsoletos como un reflejo de la rigidez de las personas, la forma de conducir la idea de política se gesta desde la obtención de poder para someter, y no desde el servicio para la aportación sistemática y armónica de cada persona desde su propio poder encaminado crear y no a destruir.

Los pueblos siguen dependiendo tanto de la Política que aun piensan que El Gobierno es una Empresa como símbolo del Padre, piensan que el Gobierno debe resolver todo, piensan que, con quitar y poner, su vida cambiará por arte de magia.

Ninguna Constitución, Partido Político, Sistema Electoral o presidente, van a resolver y sanar tu historia personal.

Crees que sabes esta verdad, pero es falsa porque no eres consciente de aplicarla en tu vida.

MERCADO Y VIDA

Nadie quiere regresar a la edad de las cavernas,

se habla de tecnología y progreso, pero entre más

avance menos vida...

Se crean Curas para hacer del Sistema de Salud un

mercado de la enfermedad

Pasamos de la pólvora a las armas biológicas

Pasamos del Título Nobiliario al Doctorado

Pasamos del Amor a comprarlo con Louis Vuitton

Hoy compramos autos y desarrollos inmobiliarios,

pero no importa cuánto talamos

Tenemos baños con agua y ninguno nos dice

cómo hacer composta

Queremos libre mercado, pero no saben ser libres

para hacer sano Mercado

Queremos todo y no sabemos ser el TODO

Primero la Vida, después el Libre Mercado.

El Intelecto no garantiza el camino de la sabiduría, pues es el equilibrio entre la razón y la emoción es lo que nos acerca a ella. Esto es que:

> *1. Todo exceso de razón, te lleva al ser frío y calculador.*
>
> *2.- El exceso de emoción, es la representación del ser insensato e impulsivo.*
>
> *¿Por qué el Libre Mercado siempre gana?*

El Libre Mercado siempre gana porque hemos visto como Narcotraficantes emulan la oferta y la demanda asumiéndose como empresarios, y, empresarios lavando dinero como Narcotraficantes.

Se habla de las Empresas como la gran fuerza productiva de trabajo donde parece que hacen un favor en darlo y crearlo, cuando representa un intercambio mutuo de servicios para que un Sistema pueda prosperar y dónde, ponerse la camiseta es el lema corporativo de la lealtad.

El Libre Mercado también gana con los bancos; aquellos que abusan de los intereses y las deudas para declarar guerras con un dinero que técnicamente no existe.

El Libre Mercado, se cree tan libre y tan imprescindible, que tiene como actor principal a la CORPORATOCRACIA y MERCANTILISMO en detrimento de los recursos naturales y la salud.

El Libre Mercado gana en el libertino mecanismo del ejercicio de *"La libertad de expresión"*, sin argumentos basados en el respeto y de un sano derecho a la Información y de la información.

El triunfo de las tecnologías y redes, como medios de desinformación, financian por todos lados al amparo de la mentira ideológica entre la Izquierda y Derecha. Creemos que usamos las Redes, pero somos impulso por no saber usar las redes.

El omnipotente, y omnipresente Libre Mercado gana siempre las guerras para el Tráfico de armas, pero no del Tráfico de curas para el alma.

El Libre Mercado gana en los rincones de algunos juzgados, comprando análisis jurídicos para no enjuiciar a los más corruptos. También, el Libre Mercado le ha ganado al amor con tanto *"couple goals"*, joyas y autos al por mayor, que compran el sexo y el cariño, siempre al mejor postor.

Y tal vez, el problema no es Libre Mercado ... ya que el mercado no tiene vida por sí solo, el gran problema es lo que hacemos y lo que concebimos como Libre Mercado aunado al problema de la libertad donde el Ser Humano no ha aprendido a ser libre, no ha aprendido a respetar la vida.

El ser humano cree que controla el libre mercado, sin saber que este, irónicamente por su necesidad de avaricia le ha controlado durante años.

POESÍA EN TIEMPOS DE POLÍTICA

Es importante empezar a creer más en nosotros mismos que ser parte de los necios y estúpidos "ismos"

De tanto fuego creado por el odio, nuestras manos son las hordas del dolor, y te confieso; somos bastante viejos para seguir haciéndonos daño, dejemos mejor que los años sean cúmulo de abrazos, porque ya mis oídos son tan sordos que no caben los insultos entre tantos desparpajos.

Anhelo escuchar versos de nuevos y amorosos hallazgos, no quiero pasar los años haciéndome viejo sin haber visto esperanza de un mundo donde abunden los abrazos

Estoy hastiado de un mundo tan complejo y bastardo por tanto narcotráfico y su falso libre Mercado

En nuestros diarios, solo vemos balazos y verbos descorazonados,

Estamos más lejos del amor, del cálido abrazo, y más cerca de los rechazos.

Dejemos un momento los aparatos para reaprender a escucharnos, porque de tantos insensatos consumos, no damos cuenta que la vida ya nos está cobrando.

Una Política de vida, debe ser usada como herramienta y no como paradigma. Un Ser libre, crea un sano intercambio de las cosas, de los bienes y los servicios. Un ser libre, respeta la propiedad del otro, no confunde libertad de tránsito, mercado, trabajo, esfuerzo con Mercantilismo.

¿por qué siguen existiendo injusticias políticas?

R.- Por creer que se hacen las cosas diferentes usando métodos, sistemas e ideologías que en el pasado no funcionaron.

Creo que Dios ni es bueno, ni es malo. Dios no es humano, y, solo el humano, ve lo malo y lo bueno. Una directriz única es mirarnos al reflejo de Dios.

Por encima del bien y del mal.

POLÍTICA CONSCIENTE

Disentir políticamente con nuestros hermanos, no es motivo para odiarnos y expresarnos a balazos. A veces nos cuesta tanto escucharnos, pero hacerlo, nos hace proactivos para aprender a solidarizarnos.

¿Qué pasaría si intentas dejar de creer en lo que antes defendías?

18   LA LUNE

Aquello que yace en las profundidades del cuerpo y de la mente, es un rasgo conocido, pero irónicamente no sabido, la conexión de lo intuitivo y la sombra surgen en el arquetipo de origen; LA MATRIX

ANTAGONISMO

LE HAN TRAIDO ODIO O AMOR A NUESTROS CORAZONES

> *<<Creo en todo hasta que sea refutado. Entonces creo en las hadas, los mitos, los dragones. Todo existe, incluso si está en tu mente. ¿Quién puede decir que los sueños y las pesadillas no son tan reales como el aquí y el ahora? >>*
>
> *John Lennon*

No podemos esperar a que la Ciencia nos diga cómo es, y qué es la Realidad, pero tampoco nos podemos dejar engañar por merolicos que te dicen lo que es Realidad como si fuera frase motivacional y la única verdad.

El cerebro tiene dos hemisferios (dos paradigmas) y esos son los que nos llevan a Dios por diferentes vías, y ambas válidas.

Tenemos demasiados milagros que la Ciencia está muy lejos de poder explicar, y así también hay Milagros que la Ciencia ha podido descifrar.

La magia no consiste en saberla usar o refutar, la magia es aprenderla a habitar para transformar el campo cuántico de la Realidad.

¿CÓMO ILUMINAR LOS PROBELMAS DE LA HUMANIDAD?

Ojalá y las personas dejarán de depender de los paradigmas para cambiar de Era, pues seguimos inmersos en las mismas situaciones sin darnos cuenta de que giramos en un círculo. Ni la Ciencia, ni la Religión, ni la Política y mucho menos la Economía serán las soluciones si creemos que son la panacea de nuestra salvación.

Decodificando el Paradigma

(Yo dibujaría a todo el Mundo y me dibujaría ahí).

Antes de hacer heroísmo inútil con un color o bandera, recomiendo no molestarse y hacer lo siguiente:

*Culparme | Culpar a los Gobiernos | Culpar a la
Oposición | Culpar al Patriarcado | Culpar a la
Jornada, al Clarín o al Washington Post | Culpar a
sus padres o su pareja |*

Como hay ofertas de culpa para todo gusto,

puede seguir culpando a Hitler | Pinochet | Al Che

Guevara | Al Comunismo | Capitalismo y hasta a

su vecino.

Si todavía no basta, culpar a la Religión | a la

Corrupción o al mejor culpado y sentenciado de

todos, total, ya muchas veces lo hemos matado ...

y ese es Dios.

Cuando el mundo deje de poner su vida en manos de estos 4 paradigmas siguientes y pueda crear desde lo individual al colectivo nuevos paradigmas orientados al Ser, estoy seguro, haremos masa crítica.

LOS CUATRO PARADIGMAS

- Política: Puedo | No puedo

- Economía: Tengo | No tengo

- Religión: Debo | No debo

- Ciencia: Sé | No sé

4 PARADIGMAS[35]

- POLÍTICA

Si el Gobierno tal sale del poder ... Todo será mejor porque NO PUEDE CUMPLIR SUS PROMESAS

El Gobierno tal llega al poder ... Todo será mejor porque mi vida es mejor cuando PUEDEN CUMPLIR SUS PROMESAS.

---

[35] Los 4 Paradigmas son un homenaje a José Luis Parise, derivado de la investigación sobre la magia y la creación de la realidad.

1. Me despidieron del ministerio de Economía. No cumplió su promesa, *no pueden* ...

2. Me contrató el ministerio de Migración. Si cumplió, *si pueden* ...

<< Las luchas políticas son siempre las mismas, siempre una oposición señala que PUEDE hacer mejor las cosas que un Gobierno. Cuando la oposición llega a la postura de Gobierno, este NO PUEDE cumplir lo que tanto criticó como oposición. Es un círculo de nunca acabar. >>

- ECONOMÍA

Si el dólar sube ... No podré invertir porque el mercado TIENE LA RAZÓN SOBRE la ley de la OFERTA y la DEMANDA.

Si el dólar baja ... Entonces sí podré invertir porque el MERCADO SIGUE TENIENDO LA RAZÓN sobre la ley de la OFERTA Y DEMANDA.

1. No vamos a gastar porque dijo el NY times que hay Recesión, entonces hay que cuidarnos para cuando NO TENGAMOS.
2. Solo TENIENDO un buen puesto y dinero puedo aspirar a lo que yo quiero.

<< Si esta polaridad fuera cierta, millonarios de dinastías antiguas no seguirían siendo los mismos millonarios de ahora >>

- RELIGIÓN

DEBES rezar ... Para liberarte del pecado

NO DEBES creer en Mahoma... Porque caes en pecado.

1. En la Religión que profeso, NO DEBO tomar, bailar, o hacer oración al arquetipo de Alá porque es pecado, no importa que eso me aleje de mi SER ESENCIAL.
2. DEBO ir al templo o la Iglesia para alcanzar la "salvación" ... O, seré una persona pecadora ante Dios, entonces, solo

dependo de la Religión y un Templo para no sentir culpa ante mi falta de merecimiento.

<<Dependes de un Dogma que te dice como DEBES O NO DEBES vivir, entonces te encasillan en creyente o ateo, sigues ligado en oposición o en corriente a la religión.>>

- CIENCIA

No hay cura para la enfermedad ¿? ... porque NO SE CONOCE algún estudio que lo sustente.

La medicina alópata es la única solución porque SABEMOS que está sustentada en evidencia.

1. El Psicoanálisis o Chamanismo no es bueno porque NO SE tiene evidencia científica (es pura pseudociencia) es el efecto placebo.

2. Solo las vacunas, y medicinas alópatas pueden ayudar a combatir la enfermedad. Porque hay estudios con evidencia.

<< ¿Para vivir, entonces dependemos de lo que diga o no la ciencia para estar bien, es decir; no tenemos derecho a construir nuestro milagro o fe ante un paradigma "desolador"? Parece ser la nueva religión en detrimento de la capacidad infinita de curación.>>

Todos estos paradigmas son los Dioses de nuestra realidad para ser o no ser, hacer o no hacer, pensar o no pensar, sentir o no sentir.

Dejar de depositar en lo general nuestra realidad, hará que desde lo particular cambiemos nuestro panorama general a partir del SER.

Es muy cierto cuando el cambio comienza por uno, pero para no romantizar la frase, esto implica el conocimiento de fuerzas de la materia.

El Co-Creador es la metáfora de un Surfista, donde el mar siempre será más grande y fuerte que tú, entonces, cómo lograr adaptar nuestro camino a la marea y sus cambios de fuerza.

No siempre necesitamos un Tsunami para morir, hay gente que muere en causas menos peligrosas, como hay gente que sobrevive. Aprender a fluir con la Fuerza de la Ola o aprender a Surfearla independiente de su intensidad, es sinónimo de que lo general no debe manejar lo individual. Desde el SER, se comienza la red para evolucionar de ERA.

LA CAÍDA DEL SISTEMA

Todas las Civilizaciones, desde hace 12,000 años aproximadamente, han tenido inicios, esplendores y caídas. Han aportado bases para nuevas formas de vida, y hoy nos seguimos preguntando con tanto aprendizaje:

¿Por qué hay una explosión mundial?

Puedes ponerle el nombre o la forma de *COMUNISMO - CAPITALISMO - FEMINISMO - PATRIARCADO - EL ESTADO - EL FASCISMO - ESTADOS UNIDOS - LOS ILLUMINATI - EL CLUB BILDERBERG - EL G7 - LAS EMPRESAS ... Etc.*

Podemos conjeturar teorías, silogismos, verdades y medias verdades.

El Ser Humano está en un momento evolutivo del arquetipo de " EL JUICIO" que simbólicamente Representa " APOCALIPSIS", " ECLIPSE ", o ESPLENDOR Y DESCENSO.

¿Qué significa?

Que nuestra generación está destapando la represión HISTORICA emocional, espiritual y biológico-social, pero también está en un momento de catarsis colectiva por el sistema en el que hemos basado nuestro paradigma

(POLÍTICA - RELIGIÓN - CIENCIA - ECONOMÍA).

Cristo, Buda y Gandhi, en ningún momento solicitaron usar la violencia en su nombre, hacer un mensaje descompuesto de su enseñanza, y mucho menos hacer sectas o religarse a templos y dogmas.

19   LE SOLEI

La REALIZACIÓN es la energía de lo esencial que brilla como la gran estrella central y anuncia su máximo esplendor dando luz a todo lo que hay a su alrededor,

Ilumínate...

XX.- JUICIO Y SANACIÓN

"...La palabra sana..."

Carlos Chávez Macías

¿Qué es el Juicio y qué es la Sanación?

Juicio es una verdad producida por la experiencia, es la inferencia en algo, y la pregunta sería. ¿En qué tanto infiero?... porque podría existir algo que no deseo ver en mi...y lo que no veo en mi es el conflicto (negación, neurosis o represión), entonces; *¿qué es lo que no deseo ver en mí? La sanación.*

Sanación es el darse cuenta. El darse cuenta abre la puerta a que siempre hay una solución, que todo es transformación y que todo es una estación...de ahí que surge;

¿Cómo se puede sanar?

Tal vez la respuesta es: Siempre por si solo pero acompañado, y para eso existe la terapia, es un método para buscar la solución.

Ni todo psicólogo es terapeuta y ni todo terapeuta es psicólogo

Entonces; *¿qué es un terapeuta?*

Un acompañante y el reflejo de tu propia maestría interior, es una cura que aparece en forma de recetas y de experiencias, por ejemplo:

Un abogado, un médico, un padre, un pastor y una voz con la interpretación correcta pueden servir de guía para que encuentres la sanación. Un terapeuta muestra el reflejo de tus juicios. Es el tutor que te da las herramientas para aprobar un examen, lo significa que nadie vive la vida por ti.

Entonces, *¿qué es la terapia?* ...

Mira: Tengo legajos de historias que mi alma quisiera recordar, plasmarlas en experiencias del corazón para llegar a sitios impensados para su iluminación.

No concibo rincones sin corazones, no concibo procesos sin perdones y evolución sin el correcto uso de nuestros dones...

Mientras siento, sigo pensando y mientras sigo pensando, voy explorando... diario me voy observando.

¿Por qué me duele el dolor del mundo?

- No veo que la felicidad sea una utopía si somos consancientes de construirla como una actividad de cada día, ¿Acaso cambiar al mundo es utopía?

La terapia

Es maestría, y un proceso de enseñanza. La terapia es un don de matices misteriosos a preguntas complejas, que solo serán contestadas por el consultante a través la maestría interior que este tiene.

La terapia es un proceso de luces y sombras, es una película y diseño de tu propia historia, es un tesoro de confesiones guardados en divanes, palabras consultorios y corazones.

La terapia es una divina responsabilidad que tarde o temprano marcará el resto de tu vida...

Nunca te olvides que, así como la danza, la medicina, la fe y el abrazo sanan, no dejes de utilizar el primordial poder de la palabra, porque como un día me dijo mi analista:

Hablar sana...la palabra sana.

Así fue como aprendí la oración científica. Comprendí que algunos se confiesan en el Diván, y otros al Rezar, de cualquier forma, hagas como lo hagas. – Ni Dios te va a castigar, pero ten por seguro que a través de un canal él te va a escuchar-. Vas a Sanar cuando sepas que no hubo nada que sanar. Aprender a recibir dando.

RECETA DEL ALMA

EL VERBO CREA LA REALIDAD

Se conmueve, Se piensa y Se actúa ... No solo es decretar, hay que transitar al caos como principio del Orden.

Orar en la Sinagoga, platicar con Alá, amar a La Tierra como a La Virgen, ser conscientemente cristiano y tan tolerante como un Buda.

Pide siempre para ti, pero no te olvides nunca, pedir amor para tu enemigo, de pedir abundancia para el pobre y bondad para el avaro.

Rézale al silencio para crear sonido, rézale al amor cuando tengas odio, pide por el huérfano cuando tienes todo, pide por quien te ignoró y por el que te rechazó, pero también por aquel que se quedó.

Pide al universo y pídelo bien.

Pide para ti, sin olvidar que ya eres Todo y sin olvidar el todos.

Pide sabiamente, pídele a Dios, o quien le pidas, pídelo con amor

Recuerda que saber pedir es saber dar y nunca olvides que lo más importante es volver a amar

Es tan preciso amar que al mirarte a los ojos percibo el cielo y a Dios como un reflejo... Entregar el corazón es una semilla que no puede sembrarse en cualquier consciencia, la evolución del amor implica cosechar los aprendizajes que nos mueven el alma. Te mereces Ser el Todo, ya eres el Todo.

20   LE JUGEMNET

*La vida es una actividad que dejará una cosecha
al momento que la espiral evolutiva te llame de
vuelta a casa, lo esencial es regresar en ascenso y
no repetir las mismas lecciones.*

XXI. RELATIVIDAD

<<Llegamos tarde para los Dioses,
y demasiado temprano para el ser,
somos un poema inacabado>>

Martin Heidegger

Es cierto que nada nos pertenece, que somos una expresión de cualidades divinas o de algo mayor para ponerlas al servicio de una realidad. Sin embargo, no usemos esta premisa para no darle reconocimiento a los canales que fueron los elegidos para transmitirlas.

Experimentamos en una Realidad Humana para aprender una lección:

El sistema de realidad sensorial se compone con normas que no podemos ignorar bajo la frase que *"Nada de esto es nuestro, al final nos iremos sin posesiones "*, aunque sea una verdad, esta no es absoluta. Cuidar cómo abordamos esa verdad es lo que nos hace practicar el desapego y defender también el esfuerzo de aquello que se ha sembrado. No usemos lo "espiritual "para negar nuestras obligaciones de respeto en un sistema.

Todos buscamos un reconocimiento como consecuencia de lo primordial; es decir el servicio. Somos un canal específico que compone un sistema en el cual estamos aprendiendo a regresar a Dios a través del otro. Decir que nada es nuestro como apología al desapego, debe usarse con la integración dual del respeto. El respetar en un Sistema Humano los derechos o mejorarlos, implica que, por ejemplo, compres una casa y otro no pueda decir que es su dueño, que vivas tu vida y que alguien de la nada te mate, o que trabajes y que otro más gane lo que tú realizaste.

Para venir a comprender que nada de esto es nuestro, venimos a respetar lo que temporalmente nos fue asignado como nuestro. Comprender esta paradoja es un llamado al concepto de relatividad de propiedad privada.

Creemos tener verdades únicas y absolutas, pero la verdad es que la experiencia es tan infinita que nunca terminamos de conocer Todo, aunque irónicamente seamos parte de un Todo. No todas las verdades están sujetas a evidencia, y es simple: la verdad es la Verdad, y ¿quién podría definir eso?, solo aquel que es dueño de la Verdad, y ese dueño es Dios, es el Todo.

Vivir la vida es buscar equilibrio entre los opuestos, al final, tenemos temporalmente algo para aprender a soltarlo.

No podemos esperar a que la Ciencia nos diga cómo es, y qué es la Realidad, pero tampoco nos podemos dejar engañar por merolicos que te dicen lo que es Realidad como si fuera frase motivacional y la única verdad.

El cerebro tiene dos hemisferios (dos paradigmas) y esos, son los que nos llevan Dios por diferentes vías, y ambas válidas.

Tenemos demasiados milagros que la Ciencia está muy lejos de poder explicar, y así como también hay Milagros que la Ciencia ha podido descifrar.

La magia no consiste en saberla usar o refutar, la magia es aprenderla a habitar para transformar el campo cuántico de la Realidad.

Cuando hablas en relatividad, tan solo estás a una oración correcta de cambiar tu realidad

Hay gente que no tiene nada y lo da todo, y hay quienes aparentemente teniendo todo, el dar es un martirio.

Hay quienes hacen un bien al mundo y son crucificados, y otros que hacen guerras y son glorificados.

Hay quienes no tienen grandes estudios y son doctos de experiencia, otros, que ni el doctorado los hace doctos por no querer tener experiencia.

Hay millonarios humildes y pobres arrogantes, hay amigos que te declaran la guerra y enemigos que te respetan.

Hay relatividad, y esa es la única absoluta, por eso:

Más allá de las fronteras del tiempo y la distancia, ahora sé que vivo tan unido a ti cuando me amo consciente integrando tu ser en mí, sintiendo el divino ardor de tu latido en mí, agradecido por existir y el estar aquí.

Cuando somos uno, ya no hace falta saber que lo tenemos todo.

Querido Ser:

Sana a tu familia, sana a tu pareja, sana a tu enemigo, incluso a tu política, sánate tú y sanarás al mundo. Honra a los que están y a los que se fueron, agradece por las razones que hoy están y también por las que ya no; continúa viviendo ...

21 LE MONDE

La Ascensión es un parto al origen, termina la Misión evolutiva del alma, es el desprendimiento del espíritu y la materia para regresar a una nueva vida.

AGRADECIMIENTOS

LA GRATITUD A LA VIDA ES LA MEJOR ORACIÓN PARA CREAR UN MUNDO MEJOR.

A MIS ANCESTROS Y MI DESCENDENCIA ...

Para la bella Alma que me hará tío, con cariño para Diana mi cuñada y Joshua mi amado hermano.

La culminación de la presente obra no sería posible sin la fuerza de vida de mi padre Sergio Antonio Morales Bustos, la compañía tan cálida de mi madre (María Teresa Sánchez Rosales) y mi hermano (Yair Joshua Morales Sánchez) mis dos pilares de confianza.

Gracias infinitas por su paciencia, por levantarme y enseñarme la importancia del amor.

Gracias Santi (mi perrito guía), quien cada noche se postraba frente a mí con su incondicional compañía, quien me vio llorar, me acompañó en cada taza de café, en cada madrugada y en cada desvelo. Gracias a mi familia perruna (Mich y Sonny) quienes de vez en cuando hacían compañía a Santi. Gracias por representar eventos de mi vida que tenía que solucionar, gracias por su maestría instintiva, simple y trascendentemente amorosa.

Este libro tenía pensado hacerlo cuando tenía 25 años, pero descubrí que había muchas cosas por vivir, por integrar y por cerrar… Ha sido un proceso que inició desde mis 21 años, y que duró siete años de mi vida. Agradezco infinitamente a esa energía creadora que te inspira como un susurro dictado por un ser que siempre te acompaña.

Mis maestros de vida y mentores; Carlos Chávez Macías, Luis Manuel Rodríguez, y mi padre simbólico José Arturo Luna Manjarrez, por brindarme las herramientas humanas y materiales para escribir el presente libro.

Un soplo de gratitud al cielo y la matriz por mis ancestros quienes me entregaron este código biológico para navegar por estas experiencias y recordar mi origen evolutivo. Gracias por su vida, sin ustedes no hubiera existido la mía.

Aquellos compañeros, amigos y amores que me entregaron un cachito de su maestría para plasmar nuevas verdades. Gracias a los que se fueron, a los que llegaron y a los que nos reencontramos.

Mi especial abrazo a mis *Maestros-Pacientes*, y amigos por la confianza depositada, sin ustedes no sería tampoco posible tener oídos para ser escuchado y miradas para ser amado.

Este libro es un mensaje profundo de mi historia y de mi visión sobre la vida, a modo de una poética filosófica que invita a la reflexión y la búsqueda de preguntas y respuestas.

Espero puedas leerlo, enojarte, llorar, pensar y sentir. Recibe esto con todo mi amor y jamás te olvides de buscar un mundo mejor.

Yo también quiero comunicar mi ser al mundo...

Yo también soy como tú; a veces quiero llorar de

rabia, o quiero dejar de llorar por tristeza.

A veces quiero cambiar al mundo, y otras, le

pierdo la fe, cuando estoy ausente de la mía.

Yo también he querido irme lejos para no pensar

o para no sentir.

Yo también he querido muchas horas dormir, he

querido librarme del rechazo, la injusticia y el

abandono para sentir que nada me puede herir.

Yo también humano - hermano; yo también he sentido el odio correr y la soberbia roer.

Yo también he sentido ansiedad, pánico y depresión, que el mundo se me iba a caer, y no sabía que así tenía que ser. Somos tantos para permitir ver el mundo arder, tantos para permitir que uno solo lo pueda sostener.

Con todo eso, "yo también", te extiendo mi mano, mi amor y mi vivencia para que sanemos juntos.

Si te apetece verlo así, prefiero este marketing humano, más no el de resultados rápidos y a corto plazo.

Ningún sanador, es más sabio que los tiempos naturales, solo somos herramientas para florecer juntos, déjame mostrarte mi pedestal del humano, no el de ser idealizado.

Con amor para quien lo lee

"...El mejor diálogo que pude tener contigo, se convirtió en la aventura más grande al poder recordar cada día y cada segundo, así voy asimilando que es una bendición estar vivo con aquellas experiencias que he vivido..."

<u>*Mi dulce Dios.*</u>

I.S.

METANOIA...

El Mundo y Pandemia, nada volverá a ser como
antes.

Capítulo Introductorio especial

21 – 12 – 21

Parece que me desperté de aquella sesión existencial en un mar de laureles con olor a paz, recuerdo haber navegado por los mares más catárticos de la existencia que ponían a prueba mis peores miedos.

Fueron veintiún lecciones exponenciales que hoy me siento a digerir y a escribir en esta continuación...

A partir de hoy, ya no sé de nuevo quién soy...

Desperté confinado de la Realidad, confinado de un mundo antiguo que se hundió, que cuando construía mi barca, era mi vela en aquella nueva oscuridad que me ayudaría a naufragar.

Pasan los días, y hoy sé, que nada volverá a ser igual...

Es natural, después del primer viaje en ese diván existencial, ya no me siento igual, sin embargo, no contaba que el mundo antiguo se iba a ahogar, y que solo algunos íbamos a naufragar.

Ya no sirven las motivaciones del ayer cuando la marea ya no se comporta igual. Hoy, es urgente despertar, aprender a pensar, y aprender a decir nuestra verdad... no importa que solo unos pocos aprendan a navegar, al final, el mundo no dejará de girar.

Hoy, también reconozco que soy la oscuridad y el poder mortífero de la densidad. Nada es más denso que pensar y pensar, pero mi deber es acercarme a la verdad, sin importar a quien le vaya a incomodar.

La magia supone un poder paradójico que consiste en aprender a nombrar aquello que en algún momento el sujeto no supo nombrar.

- Y, ¿qué es aquello que no puedo nombrar? - La Verdad

La Verdad = x

En este proceso para "desconfinar" al Ser de los códices ocultos de la Realidad, y a sabiendas que nada me asegura que este cambio será una promesa de un nuevo comenzar, voy a volverme camino a la sombra para subir otro eslabón de lo que por experiencia no se me debe olvidar llevar.

Quién dijo que la Vida sería siempre igual...

Después de 2020 nada volverá a ser igual. En algún punto relativo de cada realidad, el naufragio trajo cambios irreversibles con un duelo espiritual que está trascendiendo hasta al micrositio más impensado e inesperado de los paradigmas de la Humanidad.

Nadie quedó a salvo de un Juicio Final que de ninguna forma ha sido como la literalidad de las escrituras vaticinaban, o las profecías visualizaban. Sin embargo, todas las Cosmovisiones sí que lo explicaban, y esto podemos unificarlas desde el pensamiento simbólico.

Todo se sabía, incluso, los ciegos de consciencia lo veían. El mundo después de aquí ya no es, ni será lo que sería, sino lo que Es...

LA PÉRDIDA

Hay algo que nos duele profundamente, lo digo a modo de nostalgia, más que de sufrimiento. Y aunque a este último, tampoco lo niego, nos fundimos en un sentir común de percibir "un algo" al cuál, ya no volveremos.

Consiste en ese algo vivido que nos significó profundamente, que queda como una marca en la memoria del cuerpo, de la psique y del alma.

Un día, nos levantamos de un mundo que ni nos enteramos lo mucho que estábamos vivos, o, tal vez lo demasiado que ya estábamos perdidos. Vivimos lo necesario para usar aquellos conjuntos escindidos para crear una balsa que nos ayude a salir de la isla.

Nos enfrentamos a la tormenta y la calma, a la pérdida y la nostalgia. Mirar en retrospectiva, genera ese diálogo con el dolor, con esas fuerzas de avance y retroceso.

El fin de un momento llega, la transición para uno nuevo comienza ... la vida jamás será la misma después de esta pandemia. El mundo y una sociedad que estaba tan dormida, verán el perecer o la transformación de aquellas estructuras que ya no se sostenían.

Dedicado a quien se fueron, a quienes están, y a quienes esto llegará ...

Así es en el Cielo, así es en la Tierra, y Nosotros creamos el Infierno, es momento de devolvernos y construirnos el Cielo.

Shanti

CONTINUARÁ ...

APÉNDICE
&
NOTAS ESPECIALES

1.- Sobre los Títulos:

La numeración de los Títulos no respeta formalmente la estructura numérica romana, sino que atiende a la estructura numérica que obra de la base románica. Sin embargo, conlleva la visión numérica de Alejandro Jodorowsky en cuanto al TAROT DE MARSELLA, los números van conducentes a la concatenación evolutivo y no tanto estructural.

> *Ejemplo: XIX (Correcta estructura Romana) – EL Libro – XVIIII*

2.- francés:

Son "Los 21 Aspectos Ocultos" que representan las Cartas del Tarot de Marsella en su lenguaje original, cada frase lleva un significado evolutivo que compone una historia poética del camino de la vida del Ser humano.

3.- 21 Aspectos.

Hay veintiún aspectos y veintiún ocultos, además de un aspecto maestro representado por el 0 o el 22 de acuerdo con el Tarot (el loco o el comodín). Los Veintiún aspectos de la vida son los nombres de cada capítulo como formas cotidianas que se viven en el día a día, mientras los ocultos corresponden la significación inconsciente de cada capítulo.

4.- Tarot:

El Tarot es un método que hoy en día no uso, salvo en ocasiones especiales. El aprendizaje que tuve, la experiencia aplicada a formas de Terapia Alternativa me ayudó a descubrir y formar mi orientación en Psicoterapia Psicoanalítica para comprender los porqués del comportamiento humano.

5.- Psicoanálisis:

Es la formación en la que me formé antes de saberlo, pues desde niño ya tomaba del estante de mis padres las obras de Freud, y muy joven comencé mi proceso Analítico con Carlos Chávez Macías. Durante la Formación como Abogado y Facilitador del Sistema Biodanza logré introyectar de forma autodidacta el psicoanálisis, cerrando con el Tarot como los medios que me orientaron a Formarme y entrar directamente a la Maestría en Psicoterapia Psicoanalítica.

6.- Recetas para el Alma.

Es un sello personal que puede ser incluso mas parecido a la Terapia Cognitivo Conductual que me ha permitido brindar una orientación a la demanda de los pacientes en consulta. Sin duda supone un atentado al fiel método ortodoxo del Psicoanálisis. Mi propuesta es heterodoxa y experimental a la unión de la Ciencia y la Espiritualidad.

7.- Dios:

Asignado a una libre comprensión del Lector, pues se pretende verlo de una forma que supera la visión Antropomórfica. Puede variar y ser concebida en distintos Aspectos. Originalmente, Dios es creador del Universo, podríamos comenzar por ahí para sacar nuestras conclusiones.

8.- Apartados:

Se eliminó el Segundo Apartado "El Maestro", pues reconsiderando, creo que el libro es el camino del buscador, y la continuación del libro M E T A N O I A profundizará aun más sobre conceptos que es necesario desarrollar a dimensiones de un concepto de Escalera Existencial. La Luz y la Sombra

9.- Referencias:

La mayoría de las referencias aluden a la edición, aclaración y apertura introductoria al segundo libro.

10.- *M E T A N O I A:*

Es el título del próximo libro, que recogerá conceptos y profundizará sobre los Discursos Sociales que han hecho que el Mundo en tiempos de pandemia, se vea polarizado y enfermo de percepciones que se creen que son propias sin saber que son habladas por otras fuerzas.

11.- *Cuerpo:*

Referente a diversos compuestos de un Ser; sea persona, o colectivo.

12.- *Cuerpos Individuales*:

Conjunto de emociones, pensamientos, percepción psíquica y cuerpo físico.

13.- *Cuerpos Colectivos:*

Contingentes integrados de ideologías que están marcadas por aspectos *bio-psico-sociopolítico-cultural*.

15.- Verdad:

Un conjunto de verdades que por la suma de sus partes es igual al Todo – *La Verdad es solamente la Verdad, el terreno de lo imposible.*

16.- verdad:

Conjunto de Percepciones del psiquismo humano que crean la Realidad, lo posible a los ojos de cada observador.

NOTAS ESPECIALES.

En esta Sección hago referencias a procesos no mencionados durante la Primera Edición y el proceso de la segunda que fungieron como aspectos de importancia para originar y editar el Libro.

Sobre la Pregunta

El poder de la Pregunta surge en un curso en Santiago de Chile en 2018 con Cezar Wagner. Recuerdo que en una ronda de Educación Biocéntrica nos hizo referencia a la dualidad de la pregunta, entre las dudas y las certezas.

De alguna forma, las dos palabras se enmarcaron en mi proceso de elaboración de mis Terapias del Tarot Terapéutico de aquel entonces.

Su aplicación metodológica me hizo recoger de algunos pacientes un análisis para comprender la generación de vida. Ejemplifico el Big Bang como una probable teoría de la creación del Universo.

La explosión en sí expresa dos momentos: La pregunta como el caos; la conjunción de gases, metales, partículas conjuntas y revueltas similar al contenido psíquico de la mente cuando se busca dar orden.

Posteriormente, la explosión como la separación y la red interdependiente de sistemas, microsistemas, y dimensiones de interrelación concatenada y ordenada.

El ARTISTA

Como lo comenté en el capítulo, desde niño solía bailar, cantar e imitar artistas, usaba baterías de juguete y guitarras. Parecía una resonancia de vida de una estrella de Rock.

Por eso, para el proceso creativo del libro, me permito contar toda esta historia para llegar a mi analogía. Primeramente, venía de múltiples intentos de crear un libro. Recuerdo que el primer intento surgió a mis 22 años, y por alguna razón perdí el interés. En un tiempo no muy prolongado fue hasta mis 24-26 años. En aquellas épocas trabajaba en oficina como abogado corporativo, y ante mi desgano patológico al trabajo, decidía hacer libros que al final, cuando me corrían, terminaba perdiendo el contenido de estos porque quedaban en los archivos de los computadores de mis trabajos. Entre mis 22 y 24 años, me viene un suceso que es importante mencionar porque lo reviví a modo de trauma en la fase final de escritura de este libro.

Fue en 2013, usaba un IPad en mis clases para hacer otro intento de mi libro. En 2013 y 2014 estaba en mi último año de la carrera de Derecho, me autopercibía con cierta madurez y con más orientación a las terapias y la filosofía política

Un día, en sala de cómputo, mientras hacía una tarea junto a tres seres que para entonces son a quienes consideraba mis mejores amigos, me dispuse a levantarme de mi asiento que con ellos compartía.

Cuando era hora de retirarnos, mi IPad no estaba. Ahí, tenía mis apuntes, mis notas de los Seminarios de Carlos Chávez en Psicoanálisis, mis correos y mi libro. En ese momento sentí una angustia muy profunda junto a la sensación de rabia por mis esfuerzos que e iban a la basura.

Para el año 2018, sabía de aquella promesa que me había hecho de tener un libro antes de mis 30 años, edad que acabo de cumplir 8 digamos que aún no entro a la tercera década por lo que sería mi segundo libro antes de terminas y cerrar mis primeros 30 años de vida). Recuerdo que, al elaborar el Libro, tuve instantes de ansiedad por miedo a que me robaran los archivos, y las ideas, llegué a tener días sin ducharme, y pasar todo el día escribiendo, sin salir de casa, solo moverme para comer. Ese año, se volvieron noches de hipersensibilidad, alteraciones de sueño y hasta mareos. No es para nada una broma cuando digo que tuve un parto pues se me movieron todas las fibras de mi Ser. Recuerdo hasta soñarlo. Para establecer mi disciplina al respecto, me sumergí al mundo del RockStar. Pues entrar a la computadora y crear mi espacio era como meterme al estudio, así, comencé a elaborar las frases, juntar, editar y reformular las ideas. Disfrutaba con música de The Beatles el proceso de hacer mi disco a través de un libro. Debo confesar que ha sido una experiencia bella y que, para esta segunda Edición, y el nuevo libro que sigo escribiendo en este instante de forma paralela, es bastante entretenido

LOS PRÓLOGOS

Me preguntan en forma recurrente, los porqués de tener como Prologuistas a un Abogado y a un Psicoanalista – Y ahora un Facilitador de Biodanza – Bueno, la respuesta es simbólicamente un homenaje de tres ramas que han permeado en mi vida.

De Inicio, me formé como abogado por la Universidad La Salle de 2009 a 2014, Fue durante mi proceso Universitario que conocí la Biodanza y el Psicoanálisis, tenía 21 años y estaba a la mitad de la carrera.

Los Motivos por los que llego a Biodanza y a la Terapia analítica fueron mis crisis internas sobre abandonar la carrea y la confusión de orientar mis habilidades en algún campo respectivo. Pasé de trabajar en una notaría con un ambiente sumamente hostil por parte de mis superiores a la Depresión. Las Causas. Demasiadas, y eso es común en la clínica, no es un Diagnóstico

Sencillo. Factores como falta de concentración, el quiebre de la primera relación amorosa, y arrastrar con la idea de nunca haber sido disciplinado para buscar realizar también mi meta infantil-Adolescente, que era ser futbolista. Seguro, la frustración no asimilada la ocultaba al dedicarme apasionadamente al representativo universitario de fútbol.

Ya tenía demasiadas cargas de sucesos en mi hogar con referencias a mi padre, el amor, y mi camino en la vida. Los 21 años fueron un rompimiento total a mi sentido del deber. Podría decirse desde la visión freudiana, que mi superyó colapsó y viví lo que hoy en mi vocación trato a diario: la Depresión / Ansiedad / Ataques de Pánico e intento de suicidio.

Las consecuencias fueron grandes; en primer lugar, reprobé materias que casi me dejan fuera de la universidad, mi relación no funcionó, dejé de ser productivo en el trabajo y dejé de ir un día sin avisar. Conocí los antidepresivos, la Biodanza y el Psicoanálisis donde unifiqué nuevos aprendizajes y procesos como paciente.

En esos años solo deseaba dejar de sufrir, no me pasaba por la mente ser terapeuta o facilitador. Sin embargo, ir conociendo un poco de mi parte artística a través de la danza y la comunicación corporal me iban llevando a otros estados de comprensión, y pasé como todo buscador por los libros clásicos de autoayuda que también chocaban con el análisis que llevaba.

Así, mientras los meses pasaron, encontraba un lugar donde Ser, donde soñar y donde recuperar un sentido. Ahora comprendo un poco más a mi Analista y al Psicólogo Canadiense Jordan Peterson que siempre es importante mantenerse vivos en un deseo.

En la Presentación oficial del libro en marzo de 2020 en la Universidad La Salle, tuve como Comentaristas a Luis M. Rodríguez, Carlos Chávez Macías y Jose Luis Araiza Ugalde como invitado especial. Días después, en mi sesión analítica, la intervención de Carlos consistió en que ese día había tres aspectos de mi formación: Por un lado, Luis Manuel como la representación del Derecho, por el otro,

Carlos (Mi analista) en mi admiración por el Psicoanálisis, y por último, José Luis, a quien conocí en la formación de Biodanza como la expresión de sublimación artística. Así, comprendí que esta edición especial tenía un "algo" más que decir, una introducción a dos partes de mi vida que serán plasmadas en las siguientes obras.

EL DERECHO Y LA TERAPIA

No he dejado de ser abogado, simplemente me toca ejercer el Derecho desde el consultorio. El derecho es una atribución Universal e innata que persiste por e simple hecho de ser materia, ello, nos brinda una capacidad creativa para comprender en el camino nuestra vuelta al Ser. Por lo tanto, en consulta recuerdo ese derecho del Ser a mis pacientes como el recordatorio de las razones que los llevan a consulta y los deseos de sanar al síntoma.

LUIS MANUEL (De Villano a Padre)

Una de mis anécdotas más graciosas y sublimes en mi andar por la Facultad de

Derecho, es cuando Luis Manuel y yo coincidimos, pues tengo el honor de ser la primera generación a la cual le impartió clases y tuve el casi infortunio de casi ser reprobado. Sin embargo, mi estima va más allá, pues recuerdo cuando un día sin un peso en la bolsa me invitó un café y me dijo que el día mas triste de un hombre, era cuando su padre ya no estaba ahí... Y sí, estaba en una situación de sumergirme al proceso de autonomía. Nunca dejaré de darle las gracias por ayudarme a pagar mi viaje a un Congreso Internacional del cuál fui invitado a participar y que me abrió bastantes puertas en mi andar profesional.

CARLOS CHÁVEZ (Mi mentor)

Gracias a Carlos, llegué a mis 19-20 años a psicoanálisis, pues con él viví mi proceso de depresión, mi crisis de vocación, de profesión, de amor, de identidad y del Ser.

Fue gracias a su integridad y gran sabiduría que pude navegar en el mundo del psicoanálisis, y aún así tardé algunos años en darme cuenta de mi camino. Podría decirse que lo tenía en mis ojos y no lo había visto durante casi 8 años. En ese entonces, puedo decir que las experiencias fueron mi mejor aprendizaje para estar estudiando mi Maestría y atender diversas realidades de las cuales te sumergen más al mundo real y abren un sentido de profunda humanidad.

SERGIO MORALES MAHAR & SERGIO ANTONIO MORALES BUSTOS

(Sanar al Padre)

El padre es la semilla y la madre la tierra fértil. Esta semilla que hago alusión al presente libro es dedicada para mi padre y mi linaje paterno / masculino como agradecimiento por darme la fuerza debida y de vida para afrontar y sanar mis relaciones interpersonales.

Gracias a este reencuentro puedo mirar de nuevo a mi Padre celestial para reconectarme al cielo en la misma Tierra

A.M.

Cuando pasas fases de la vida, llegan almas que relativizan el tiempo de la consciencia para manifestar aspectos que es menester del alma reincorporar en una comunicación ancestral para recordar motivos para volver a amar, para sanar a los fantasmas ancestrales que es un arte poder tomar.

A M, es amanecer, es la joven brisa de una nueva generación que nos es obligatorio facilitar y abrir los caminos para su evolución.

AM, es el impulso de la consciencia de mi corazón y de volver amar, porque nadie muere por amar, se muere lentamente cuando te niegas a amar.

Y siempre en la vida hay una mirada especial con la que te puedes reflejar.

CAPÍTULOS

Cada capítulo es un significado cuidadosamente elegido de los estudios de Tarot para integrarlo en cada carta a experiencias de vida que he asimilado y recogido en discursivas de mis analizados en consulta.

Cada Aspecto tiene 4 mensajes cifrados para tu propio proceso.

1..- El Número y nombre del capitulo siguen el camino evolutivo y metapsicológico del tarot de Marsella.

2.- El mensaje de cada capítulo que apertura.

3.- El contenido.

4.- El significado original en francés de la carta (alude a su origen).

5.- Se incluye al final una frase que en la primera edición no estaba al final del capítulo, estas pueden ayudar a darle mas facilidad a integrar procesos.

LA PACIENCIA

Capítulo Editado a su totalidad, pues no quedé muy conforme son su extracto original que reproduzco parcialmente en este apéndice.

¿Cuál es la prisa de explicar el milagro de la vida con tanta ciencia?

Todo tiene un crecimiento y un preciso momento, hay veces que la Ciencia tendrá su momento, y otras donde la Fe tendrá su argumento...

Paciencia es lo que menos escuchamos cuando nuestros oídos pecan de insensatos, paciencia es lo último que cultivamos cuando nos ahogamos de ansiedad. Por lo general, la gente se polariza en ser extremadamente paciente, convirtiendo la virtud en pereza para negarse a ver y no quererse mover, es una locura la espera que algo de afuera le resuelva lo que no quiere resolver adentro. Por otro lado, hay seres que se tornan demasiado impacientes, aquellos que evitan detenerse, seres que en los extremos se vuelven intransigentes, entonces evitan esa pausa que los confronta con algo que también se niegan a ver. En ambos casos, parece que nos enseñaron que es mala idea sentir el ritmo del proceso. La paciencia ha mostrado ser en los últimos años mi mejor aliada y también mi peor enemiga cuando me obstinaba en negarla como aliada. En su sabiduría, logré encontrar uno de los mensajes mediante la decodificación de las palabras, profundicé sobre el misterio donde yacen mensajes cifrados que nos pueden orientar a un encuentro sagrado en un momento de confusión. Descubrí que la palabra paciencia esconde una metáfora detrás de la existencia del método y el pensamiento científico.

¿Qué tendríamos que aprender de la Ciencia para vivir mejor?

Ciencia, es un pensamiento que emplea el Poder de la Pregunta, característica Filosófica que conocemos también como Hipótesis, alberga la Intención de probar, crear o materializar mediante un proceso.

En la ciencia, una Hipótesis ayuda a plantear un método para llegar a la conclusión o un fin demostrable. El camino es realizado con un proceso estudiado y que al final da surgimiento al juicio o resultado. Dependiendo el resultado como la suma de experiencias, se decide si se replantea o no la pregunta, y por consecuencia el método para llegar al propósito deseado.

Las personas se empeñan en buscar diferentes resultados usando siempre el mismo método y la misma estructura en las preguntas. Hacer de la Voluntad o del Alma un Método Científico, es aprender a plantearse preguntas y métodos, cambiar de métodos y preguntas, con la Voluntad firme en el proceso. La sabiduría de aprender a encontrar las verdaderas certezas es aprender a no repetir los anteriores resultados.

PAZ   º   CIENCIA

¿Qué tienen en común la paz y la ciencia?

•   Paz: Un estado de consciencia y calma, denostar levedad y silencio, parece ser como una rueda inamovible, pero cuando su resultado es visible, es súbito.

•   Ciencia: El proceso de pensamiento para llegar a una afirmación, conclusión o comprobación de una Hipótesis.

El cuidado y equilibrio entre las polaridades de una experiencia son las enseñanzas para llegar al producto final, requiere ser tan paciente que cuando estés en la paradoja del no hacer, no te quedes inmóvil como si la sinergia vital detuviera su ciclar natural, ni abusar del movimiento evitando mirar los pequeños grandes detalles. Es necesario cambiar de método para transformar los grandes resultados. Saber esperar y saber cuándo es momento de cambiar, es aprender a crear nuevas realidades, y asumir nuevas verdades.

Paciencia es reconocer que nuestras verdades no son infalibles, reconocer que cada ser crece en el tiempo que este puede y debe.

Llega un momento que sanas algo y mueves más cosas, bajar a tus propios infiernos es como volver a comenzar, sientes que retrocedes, pero sientes que hay algo nuevo en la consciencia que ya tienes.

En estos aciertos, en estos errores, es importante que tenemos dentro de nuestros seres duales, las respuestas para encontrar las grandes nociones que nos lleven a remover todas las prisiones que tal vez no somos responsables por herencia, pero si responsables por su influencia... al menos si queremos vivir cada vez mejor.

La primera Edición fue terminada en la Ciudad de México entre mayo y junio de 2019. Siete años de recopilaciones, borradores, y un año de creación. La Segunda Edición viene siendo realizada entre septiembre y octubre de 2020.

Maquetado, escritos y diseño por Isaí Shanti.

Contacto: isaishantiorg@gmail.com